존 웨슬리의
목회훈련

존 웨슬리의
목회훈련

| 노홍호 지음

한국학술정보(주)

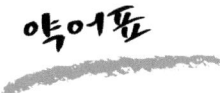

Letters   <u>The Letters of the Rev. John Wesley</u>, A. M. Edited by John Telford, 8 Vols. London: Epworth Press, 1931.

Sermons   <u>Wesley's Standard Sermons</u>, Edited by Edward H. Sugden, 2 Vols. London: Epworth Press, 1951.

Works   The <u>*Works*</u> of <u>John Wesley</u>, A. M., ed., Thomas Jackson, 3rd Edition, 14 Vols. London, Hason, 1829 − 1831. An edition of the complete and unabridged Works by the photo offset process from the authorized edition published by the Wesleyan Conference Office in London, 1872, 14 Vols, Ohio: Schmul Pub, 1977 − 1979.

「총서」   웨슬리사업회(편). 「존 웨슬레 총서」 제1권 − 제10권, 서울: 유니온 출판사, 1983.

목 차

I

서 론

A. 문제의 제기 및 연구의 목적

웨슬리는 18세기에 부패한 영국 사회를 구원한 전도자요 개혁자로 교회제도를 새롭게 조직함으로써 지금도 많은 사람들의 존경과 흠모의 대상이 되고 있음은 주지의 사실이다. 그러나 그를 단지 하나의 전도부흥사나 조직자로 보고 그에게는 신학이 없다는 편견과 오해를 가지고 있는 사람들이 적지 않음을 본다.[1] 그러나 오늘날 웨슬리를 정확히 신학자라고 평가하는 경향이 분명히 늘어나고 있다.[2] 스케빙톤 우드(A. Skevington Wood)는 고찰하기를 "너무나 오랫동안 메소디즘의 창시자는 주로 행동가요 최소한의 의미에서만 건설적인 사상가였다고 생각된다. 그러나 최근에 들어 급격히 웨슬리의 신학적 역할을 재평가하는 것을 본다. 오히려 그가 강조한 교리의 특징적인 성격을 진지하게 다루는 것이 필요하다."[3]고 보았다.

웨슬리는 종교 개혁자들의 신학을 18세기의 영국 교회의 상황에서 재천명하였다. 웨슬리는 설교의 도장에서, 성서의 빛 아래서, 성도들의 체험에 비추어 종교 개혁자들의 신학을 시정하였다.[4]

웨슬리는 교리의 본체(substance)와 교리에 대한 상세한 내용(circumstance)을 구분하였다.[5] 웨슬리는 전자(substance)를 근본적

---

1) 조종남, 「요한 웨슬레의 신학」(서울: 대한 기독교 출판사, 1984), p.9.
2) Howard A. Snyder, The Radical Wesley and Patterns for church Renewal (Downers Grove: Inter - Varsity Press, 1980), p.4.
3) A. Skevington Wood, "The Contribution of John Wesley to the Theology of Grace", in Clark Pinnock, ed., Grace Unlimited(Minneapolis: Bethany Fellowship, 1975), p.209. quoted in H. A. Snyder, p.5.
4) 조종남, op. cit., p.219.

인 것으로 생각하고, 후자(circumstance) 곧 교리가 우리에게 적용되는 방법, 시간, 그리고 불완전한 인간에게 체험되는 상세한 내용들에 대해서는 그것들을 성서의 빛 아래서, 또는 체험을 통한 경험으로 시정하기를 주저하지 않았다.6) 다시 말해서 웨슬리는 종교개혁자들에 의해 천명된 성서적 기독교의 기본 교리의 골자(substance)를 재강조하면서 그 교리를 당시 선교 상황과 신앙 체험에 적응성을 지닌 산 신학(a living theology)으로 형성하였다. 와인쿠프는 "웨슬리의 공헌은 그가 신학에다 살과 피(flesh and blood)를 덧붙였다는 데 있다."7)고 말했다. 웨슬리는 위대한 실천가이며 신학자이다. 왜냐하면 웨슬리에게 있어서 신학과 실제는 진정 하나였기 때문이다.8)

지금까지 웨슬리에 대하여 많은 연구가 있었다.9) 그러나 지금까지의 연구로도 소홀히 다루어진 부분이 있다. 그것은 웨슬리의 목회관이다. 사실 많은 사람들이 웨슬리를 목회자로 보는 것에 대하여 주저한다. 왜냐하면 현재 드류신학대학에서 목회신학을 강의하고 있는 토마스 오덴에 의하면 전통적인 목회자라 함은 "하나님과 교회로부터 부름받아 안수식을 통하여 말씀을 선포하고, 성례전을 집행하며, 그리스도교 공동체를 하나님의 자기 노출에 전적으로 응답할 수 있도록 인도하고 양육하도록 따로 세워진, 그리스도의 몸에 소속된 하나의 구성원이다."10)고 하였기 때문이다. 그러나 웨

---

5) Wynkoop, "A Hermeneutical Approach to John Wesley" in Wesleyan Theological Journal (Spring, 1971), p.14.
6) Ibid., p.15.
7) 조종남, op. cit., p.220.
8) H. A. Snyder, op. cit., p.5.
9) 조종남, op. cit., pp.10 - 19.
10) Thomas C. Oden, 「목회신학」, 이기춘 역 (서울: 한국 신학 연구소, 1987),

슬리에게는 교구가 없었기 때문에 단순히 복음 전도자이지 목회자는 아니라는 것이다. 사실 웨슬리가 교구를 갖지 못한 이유는 영국 국교회가 교구를 허락하지 않았기 때문이다. 그럼에도 불구하고 "전 세계는 나의 교구이다."(The World is my Parish)[11]라는 정신을 가지고 웨슬리는 진정한 목회를 하였다. 본서의 목적은 그동안 너무나 등한시되어 왔던 웨슬리의 목회에 대하여 보다 더 잘 이해하고 그로 인하여 현대교회에 필요한 목회훈련에 대한 통찰력을 얻고자 하는 데 있다.

B. 연구의 방법과 범위

본서는 웨슬리의 생애 전반이나 그의 신학 사상 전체를 다루려고 의도하지 않는다. 다만 목회자로서, 목회훈련자로서의 그의 모습과 신학사상, 그리고 그의 목회활동을 찾아 그의 목회훈련을 정립해 보고자 할 따름이다. 그러므로 본서는 광범위한 제목하에 많은 제약과 한계를 갖고 기술된다.

본서를 기술함에 있어 무엇보다 가장 큰 장애는 존 웨슬리의 목회관에 대하여 발표된 것이 극히 적다는 것이다. 본서를 위해 웨슬리가 직접 저술한 「Thomas Jackson (ed.), <u>The Works of John Wesley</u> (14 Vols., 3rd edition, Ohio, 1977 – 79)」, 「John Telford (ed.),

---

p.89.
11) 「총서」, 제7권, pp.93 – 94.

The Letters of the Rev. John Wesley (8Vols., London, 1931)」,
「Edward H, Sudgen (ed.), Wesley's Standard Sermons (2Vols.,
London, 1951)」과 한국어 번역판인 「존웨슬레 총서」제1권-10권
(서울: 유니온 출판사, 1983)을 일차자료로 사용하였고, 그 밖에
웨슬리에 관한 도서, 연구된 논문, 목회학에 관한 도서 그리고 정
기 간행물을 이차 자료로 활용하여 본서를 기술하고자 한다.

본서는 전체 5장으로 구성되어 있다.

제Ⅰ장은 서론으로 본서 문제의 제기 및 연구의 목적, 연구의
방법과 범위를 다루었다.

제Ⅱ장에서는 웨슬리의 목회훈련에 대한 이해를 살펴보기 위하
여, 그의 생애, 목회훈련을 필요로 하는 시대적 상황, 웨슬리의 교
회관과 그의 목회훈련에 대한 이해를 살펴보고자 한다.

제Ⅲ장에서는 웨슬리의 목회훈련의 조직과 내용을 다루고자 한
다. 목회훈련의 조직으로는 역사적인 고찰을 따라 연합신도회, 속
회, 반회, 선발신도회, 참회자반 그리고 연회를 다룸으로써 웨슬리
의 목회훈련의 역사적 근거를 밝히고, 목회훈련의 내용으로는 하
나님 말씀(성경, 설교)과 성례전(세례, 성만찬)을 살펴보고자 한다.

제Ⅳ장에서는 웨슬리의 목회훈련의 방법과 그 실천적 적용을 살
펴보겠다. 목회훈련의 방법으로는 헌신훈련, 경건훈련, 성경탐구훈
련, 설교훈련 그리고 지도자훈련을 살펴보고, 그 실천적 적용으로
는 성결교회를 중심으로 살펴보고자 한다.

제Ⅴ장은 결론으로 지금까지 다루었던 내용을 요약하고, 그것을
근거로 하여 오늘의 한국 성결교회 목회훈련 개발을 위하여 몇 가
지 제언을 하고자 한다.

존 웨슬리의 목회훈련에
대한 이해

A. 웨슬리의 생애

웨슬리는(1703 - 1791) 18세기의 대부분을 살면서 많은 사람을 구원으로 인도한 위대한 목회자요 유력한 설교자이며[12] 기독교 역사상 손꼽을 만한 대부흥사요 메소디스트를 조직한 조직자이다.[13]

웨슬리는 1703년 링컨 주 엡워드 교구의 주임 사제관에서 목사인 사무엘 웨슬리(Sammuel Wesley)와 부인 수산나 웨슬리 사이의 15번째 아들로 태어났다.[14] 제3대에 걸친 선교적인 혈통[15]이 말해주고 있듯이 신앙생활은 거의 완벽에 가깝도록 교육을 받았다. 어머니 수산나 웨슬리는 어린 자녀들이 말을 하게 되면 일어날 때와 잠을 잘 때 주기도문을 외우게 하였고 가정 예배 시에는 항상 정숙하게 하였으며, 식사 시간에는 기도를 하게끔 하였다.[16]

1709년 2월 9일 목사관의 화재는 웨슬리의 뇌리에서 평생 지울 수 없는 하나님의 은혜의 사건이었다. 이 사건으로 인하여 그는 노년에 초상화를 그리게 하고 그 밑에다가 '이는 불꽃에서 끌어낸 타다 남은 나무 조각이 아닌가?' 하고 적어 넣었다.[17] 불타는 집

---

12) E. S. 모이어, 「인물중심의 교회사」 곽안전, 심재원 역 (서울: 대한 기독교서회, 1986), p.293.

13) H. A. Snyder, 「혁신적 교회갱신과 웨슬레」 조종남 역 (서울: 대한 기독교 출판사, 1986), pp.54 - 59.

14) 송흥국, 「요한 웨슬레」 현대신서, 39권 (서울: 대한 기독교서회, 1981), p.249.

15) 증조부 바돌로매 웨스틀리(Bartholomew Westley, 16 - ? - 1678)는 유명한 청교도 중의 한 사람이었으며, 할아버지 존 웨스틀리(John Westley)는 용감하고 재치가 있으며 학자적이고 담백한 순회 전도자였다. 「총서」, 제4권, p.8.

16) 송흥국, op. cit., pp.34 - 35.

은 멸망하는 세계를 상징한다. 웨슬리의 사상에 있어서 각 사람의 영혼은 불에 둘러싸인 어린애와 같이 회개하지 않은 죄 때문에 하나님의 영원한 진노의 불길에 에워싸인 것이다. 한밤중에 불타는 집에서 구출된 그는 더 무서운 불길에서 사람들을 건져 내야 했다. 이러한 멸망에 대한 기억이 죽는 날까지 그의 생각을 지배하였다.18)

웨슬리는 1711년 버킹검(Buckingham) 공작의 추천으로 챠터하우스(Charter‐house)에 입학하였다. 그는 이곳에서 경건 생활과 성경 읽기와 기도하기를 배웠다. 이 학교를 졸업한 후 1720년 옥스퍼드(Oxford) 대학 크라이스트처치(Christ‐Church) 대학에 입학하여 히브리어, 라틴어, 윤리학, 철학, 신학 등을 공부하였다. 이후로부터 학문적인 면에 꾸준한 발전이 계속되었다.

이 시기에 웨슬리가 접한 책들 가운데서 토마스 아 캠퍼스(Thomas A. Kempis)의 「그리스도를 본받아」(Imitation of Christ)를 읽고 (1726) 내적 종교의 본질과 범위를 깨닫고 그리스도에 대한 모방을 다짐했고, 제레미 테일러(Jeremy Taylor)의 「거룩하게 사는 그리고 거룩하게 죽는 규율과 연습」(The Rule and Exercise Holy Living and The Rule and Exercise of Holy Dying)을 읽은 후에(1725년) 의도의 순수성이 중요함을 깨닫고 자신의 모든 삶이 하나님의 것임을 확실하게 자각하여 헌신을 결단하였고, 윌리암 로(William Law)의 「완전한 그리스도인」(Law's Practical Treatise upon Christian Perfection)과 「경건하고 거룩한 삶에로의 부름」(Serious call to a Devout and Holy Life)을 읽었던바(1728년) 하

---

17) Ibid., pp.41‐42.
18) 「총서」, 제3권, pp.39‐40.

나님께 전적으로 헌신을 결단하였다.[19]

이외에도 웨슬리가 전 생애를 통하여 다양한 종류의 책을 읽었음을 그의 일기가 말해 주고 있다. 그는 책을 통하여 간접적인 경험을 쌓아 나가 신앙생활을 풍성하게 하는 계기를 만들어 갔으며, 내적인 면을 늘 새롭게 발전시켜 나아갔다. 지식 그리고 실천이라는 양면을 동시에 행동으로 일치시키기란 그리 쉬운 일은 아니지만 웨슬리는 그동안 축적한 모든 경험들을 행동화하려는 진지한 노력을 펴 나갔다.

1725년에 영국 국교회(성공회)에서 집사(Deacon)목사, 1728년에는 장로(Elder)목사로 안수를 받으면서 목회자의 길을 걷게 되었다. 1726년에는 옥스퍼드 링컨 대학의 강사로 피택이 되었고, 이곳에서 신성모임(Holy Club)에 참여하여 머지않은 훗날 영국을 비롯한 여러 나라 교회에 새로운 생명을 불어넣어 줄 운동이 시작되었다.[20] 웨슬리는 신성모임에서 엄격한 원칙을 창안해 나갔다. 그래서 웨슬리와 그의 동료들은 엄격주의자(Methodists), 성찬주의자(Sacramentaians), 열광주의자(Enthusiasts), 성경벌레(Bible Moths), 개혁모임(Reforming Club) 그리고 적선하는 자(Supererogation Men) 등으로 불렸다.[21] 신성모임은 1735년 10월에 웨슬리 형제가 미국 조지아 주로 선교를 위하여 떠나면서 해체되고 말았으나, 훗날 웨

---

19) 조종남, op. cit., pp.23 – 24; 조오지 크리프트 셀, 「존 웨슬레의 재발견」 송흥국 역 (서울: 대한 기독교 출판사, 1982), p.58, 72, 113; 송흥국, op. cit., pp.56 – 57.

20) Robert G. Tuttle, John Wesley, His Life and Theology (Michigan: Grand Rapids, 1982), pp.113 – 126.

21) H. A. Snyder, op. cit., pp.18 – 19.
웨슬리는 이 당시 일 년에 28파운드를 가지고 생활하고 생계유지와 의복에 필요한 것만 제외하고 나머지는 모두 나누어 주었다.

슬리의 목회훈련에 있어서 교회조직과 방법에서 그 영향을 볼 수 있으니 그에게 미친 영향이 대단히 크다 하겠다.

1735년 10월 미국 조지아 주 원주민들을 위한 선교사로 파송되어 항해 도중 모라비안 교도들을 만나서 그들의 신앙을 보게 되었다. 그는 조지아 주에 도착하여 토착 인디언들에게 복음을 전파하기 시작하였다. 웨슬리는 이들에 대한 기대가 자못 컸었다. 왜냐하면 이들 인디언들은 순수해서 복음이 쉽게 받아들여질 수 있다고 믿었기 때문이다. 그러나 그들과 접촉하면 할수록 자신의 기대와는 달리 점점 멀어짐을 느꼈다.[22] 웨슬리 신학을 연구한 케논(William R. Cannon) 박사는[23] 웨슬리 자신의 말을 인용하여, '그가 신성모임 운동을 하고 미국 조지아 주 선교를 하였던 그때까지의 자기는 아들의 신앙이 아니라 종의 신앙을 가지고 있었다.'고 말하였다. 즉 1738년 회심 이전의 웨슬리의 신앙과 신학은 인간 중심적이었으며 비신앙적이었다.[24] 그는 조지아 주 선교에 실패를 하고 다시금 영국으로 돌아왔다. 철저한 회심이 없는 상태에서 올바로 목회 사역을 수행할 수 없었다.

조지아 주 선교에 실패를 하고 돌아온 웨슬리에게 결정적인 신앙의 변화가 찾아왔다. 웨슬리는 자신의 변화에 대하여 그의 일기에 다음과 같이 기록하였다.

---

22) Works, I. pp.61 - 68.
23) William R. Cannon, <u>The Theology of John Wesley</u> (New York: Abingdon Press, 1946), p.65. 이 책은 케논의 미국 예일 대학교에서의 박사학위 논문으로 1962년에 한국에서도 번역 출판되었다. 윌리암 케논, 「웨슬레 신학」 전종옥 역 (서울: 기독교 대한 감리회, 1967).
24) 웨슬리 자신도 "나는 1738년 5월 23일까지만 해도 그리스도인이 아니었다."라고 말하였다.
죠오지 크래크트 셀, op. cit., p.39.

1738년 5월 24일 수요일 저녁에 마음이 별로 내키지 않았지만 올더스게이트가(Aldersgate Street)에 있는 어느 회에 갔는데 거기서 한 사람이 루터의 로마서 주석의 서문을 읽었다. 9시 15분 전쯤 되어서 그가 계속하여 그리스도를 믿는 믿음을 통하여 하나님께서 마음에 변화를 일으키시는 역사를 하신다는 설명을 하고 있었는데 내 마음이 이상하게 뜨거워짐을 느꼈다. 나는 구원을 받기 위하여 그리스도를, 오로지 그리스도만을 믿는다는 것을 나는 느꼈다. 뿐만 아니라 주께서 내 모든 죄를 씻으시고 나를 죄와 사망의 법에서 구원하셨다는 확신이 생겼다.[25]

이어서 1739년 1월 1일(월요일) 새벽 3시경에 페터 레인 모임에서 웨슬리는 홀(Hall) 씨와 킨친, 잉햄, 화이트필드(Whitefield) 동생 찰스 등 60여 명의 신앙동지들과 통성기도 시 하나님의 강한 능력의 임재를 체험하였다.

새벽 3시경 계속 기도에 전념하고 있을 때, 하나님의 능력이 우리 위에 강하게 임하여 많은 사람들이 벅찬 기쁨에 소리 지르고 땅바닥에 넘어졌다. 그분의 위엄이 임재하는 가운데 두려움과 감탄 속에 조금 정신을 차리자마자 한 소리로 우리는 외쳤다. 오 하나님 당신을 찬양합니다. 당신은 우리의 주이십니다.[26]

이러한 양 사건은 그의 목회 사역에 결정적 영향을 미쳤다. 즉 설교의 내용과 종교관에 큰 변화가 일어났고, 당시 영적 파산 상태에 처한 영국교회를 구원할 수 있는 기독교 신앙의 원천을 체험직으로 빌건할 수 있었다.[27]

---

25) 「총서」, 제7권, p.81.
26) Journal, II, 121 - 122, 125. quoted in H. A. Snyder, op. cit., 30.
27) 죠오지 크래프트 셀, op. cit., p.15.

1739년에 처음으로 메소디스트 예배당을 건립하게 되었다. 이후 1751년에는 바질리(Vazille) 부인과 결혼하였고, 1790년 10월 6일에는 최후로 옥외설교를 하였으며, 향년 88세로 1791년 3월 2일 오전 10시 런던 씨크로드 주택에서 서거하였다.[28]

B. 시대적 상황

18세기를 크게 특징짓는다면 첫째는 현저한 과학적 발전의 시대였다. 둘째는 파국적인 정치적 변화의 시대였다. 셋째는 문학과 철학적 성취의 시대였다. 넷째는 정신의 힘이 가장 심각하게 종교에 적용된 시기였다.[29] 그러면 영국의 상황은 어떠했는가? 정치, 사회, 도덕적 상황과 종교적 상황을 살펴보고자 한다.

1. 정치, 사회, 도덕적 상황

이 당시 영국의 정치적 상황은 의회정치와 왕정복고의 변혁기를 맞이하여 혼돈, 무질서, 소란의 소용돌이 속에 있었다. 청교도들이 (Puritans) 일어나 스튜잇 왕조의 마지막 왕인 찰스 1세를(Charles I,

---

28) 송흥국, op. cit., pp.249 – 253.
29) 윌리암 케논, 「웨슬레 신학」 전종옥 역 (서울: 기독교 대한 감리회 총리원 교육국, 1967), p.14.

1600 - 1649) 사형에 처하고 공화국을 건설하여 약 10년간 통치를 했다. 이 당시 청교도들이 너무나 지나치게 엄격하여 아무 해도 없는 오락과 취미까지도 억제하였다. 그러다가 다시 왕정이 복고되자 찰스 2세와 제임스 2세가 왕의 자리에 오르게 되었는데 이때처럼 타락하고 부패한 시기가 없었다. 그 원인은 첫째가 왕실의 타락이요, 둘째는 청교도들의 지나친 엄격주의에 대한 반발로 볼수 있다. 그 결과로 극단의 향락주의가 만연되기에 이르렀다.

나아가 영국 사회의 사회적, 도덕적 상황을 보면 극장에서 상영되는 각본들은 저속하고 음탕한 내용들로써 관람객의 풍기를 문란케 했는데, 이것은 가정불화의 요인이 되었고 이혼을 조장하는 등영국 사회를 부패케 하는 원인이 되었다. 상류가정의 한가한 부인들은 소설 읽는 품팔이를 고용하여 음탕한 소설을 들으면서 소일하는 일이 많았다. 또한 사람들이 모이는 곳이면 어디든지 도박장이 되어서 가산을 탕진하고, 도둑질, 자살, 가정불화, 가정파탄의 진원지가 되었다. 특히 군왕이나 대정치가들이 도박에 깊이 빠져 있었다. 음주 문제는 거리의 집들 가운데 1/4이 술집일 정도여서 그 피해는 악정과 전쟁의 피해 못지않게 컸다. 국가의 도덕적 타락은 잔인하고 모욕적인 각종 경기로 나타났는데 닭싸움, 거위타기, 개 교미, 소싸움, 소 놀리기 등 …… 이러한 일로 말미암아 나타난 결과는 실로 엄청났다. 사소한 일로 격투와 폭행을 일삼는가 하면, 불량 청년들이 횡행하여 통행인들을 괴롭히고 금품을 강탈하며 부녀자를 농락하곤 하였다.30) 웨슬리가 영국 사회를 "오늘의 영국 사회의 특징은 불성실이다."31)라고 하였고, 역사가 해롤드 니

---

30) 「총서」, 제4권, pp.5 - 7.
31) Ibid., p.5.

콜슨(Harold Nicolson)도 18세기 영국 사회를 "도덕적으로 무질서한 시기였다."[32]고 평가하였다.

2. 종교적 상황

영국 사회의 종교적 상황으로는 이성을 존중하는 이신론(Deism) 사상이 종교에 지배적이어서 기독교를 인간의 이성으로부터 시작하는 종교로 변화시켰다.[33] 이신론의 대표적인 매튜 틴달(Matthew Tindal)은 인간에게는 이성이 궁극적 기준이다. 그러므로 이 이성이 곧 계시의 기초요, 신앙의 표준이 된다고 주장하면서 기독교도 인간 사상의 또 하나의 집대성에 불과한 것이라고 일축해 버렸다. 이처럼 17, 18세기의 종교가들은 계시와 이성의 조화로 시도하며, 위로부터 임하시는 하나님의 계시의 가능성과 전통적인 초자연주의에 대하여 질문을 제기하여 마침내 신앙을 이성에 예속시키는 일을 강조하였다.[34] 왜냐하면 신의 존재는 인정하지만 그 신은 우주를 창조할 때 자연법칙을 세웠고 인간에게는 양심과 이성과 자유를 주어 자연이 법칙을 따라 운행하듯이 인간도 양심을 따라 도덕률을 준수함으로 완전해진다고 주장하였다.[35]

이로 인하여 신앙은 영력을 잃어갔고 형식주의로 기울어 갔으며 지도자들은 아무런 종교적 열정이나 영감, 죄인을 구원하려는 뜨

---

32) 「총서」, 제3권, p.15.
33) 윌리암 케논, op. cit., p.14.
34) 조종남, op. cit., pp.20 – 21.
35) 이천영, "웨슬레 복음운동의 사적 고찰", 「신학과 선교」 제1집 (부천: 서울신학대학, 1972), p.9.

거운 구령열이 없었다. 나아가 상류사회는 종교에 대한 무용주의
가 널리 퍼져 있었으며 정치인들은 타락하였다. 종교인들조차도
세속화되어 설교의 권위를 추락시켰고 경전을 사문화시켰다.36) 이
로 인하여 생명적 기독교가 희귀하게 되었다. 대중은 기독교의 타
당성을 인식하지 못하였다. 이로 인하여 레키(W. E. H. Lecky)가
논평한 대로 종교적 권태가 영국을 뒤덮었다.37)

　　웨슬리는 이 시대의 무력감에 대하여 "누가 그들을 사랑으로 돌
보는가? 누가 그들이 은총으로 성장할 것을 생각하는가? 누가 때
때로 그들을 권고하고 칭찬하는가? 누가 그들이 필요할 때 그들과
함께 그들을 위해 기도했는가? …… 그러나 보라! 그것이 어디에
있는가? 동서남북을 돌아보고 어느 교구의 이름을 대보라!"38) 하
면서 한탄하였다. 웨슬리는 자기 시대의 악과 종교적 무기력을 한
탄하는 것으로 시간을 낭비하지 않고, 18세기의 지적인 성격을 특
징짓는 합리주의적이고 이신론적 철학에 직면한 기독교를 소생시
키고, 그 당시 영국에 있어서 현저하게 성행했던 부도덕과 타락에
대한 정화를 가능케 하기 위하여 철저한 목회훈련의 필요성을 절
감하였고, 그것을 가능하게 하고자 최선의 노력을 경주하였다.

---

36) 윌리암 케논, op. cit., p.22.
37) 「총서」, 제3권, p.18.
38) 「총서」, 제10권, p.104.
　　콜린 윌리암즈, 「존 웨슬레의 신학」 이계준 역 (서울: 전망사, 1983),
　　p.162.

C. 웨슬리의 교회관

1. 교회의 본질

웨슬리는 신약성서주해에서 사도행전 5장 11절을 다음과 같이 주해하였다.

> 교회라는 말이 사도행전에 처음 나온다. 여기에 신약성서의 교회 원형을 비로소 찾아볼 수 있게 되었다. 많은 사람들이 모여서 하나의 공동체를 구성했다. 그들은 다 복음으로 부름을 받아 세례를 받고 그리스도에게 접붙임을 받았다. 여러 계급 사람들이 통일되었고 사랑으로 생동하는 단체가 되었으며 아나니아와 삽비라의 죽음으로 엄격한 신도 신앙생활의 지침을 받게 되었다.39)

그리고 웨슬리는 "교회에 관하여"(Of the Church)라는 그의 설교에서 말하기를 교회라는 단어를 잘 이해할 수 있는 사람이 얼마나 있을까 염려하면서 두세 사람이 그리스도의 이름으로 모이는 곳에 그리스도께서 계시는 것같이, 교회는 두세 신자가 함께 모이는 곳에 존재한다고 하였다. 그는 교회는 제도나 의식이나 교권이 본질이 아니라 하나님을 섬기기 위해 모인 회중이라 하여, 두세 사람이 그리스도의 이름으로 모인 곳에는 교회가 있다고 보았다. 그러므로 교회는 숫자에 관계없이 주님의 이름으로 성도가 모인 곳에 주님이 계시기에 사도 바울이 빌레몬에게 편지를 쓸 때 그의 집안에 있는 교회(몬 2)라고 언급하였듯이 한 그리스도인의 가족

---

39) Ibid., p.257.

이라도 교회라고 이름할 수 있다고 보았다.[40]

이와 같이 교회는 "그리스도 안에 있는 형제들"[41] 이는 그리스도를 믿는 자의 전체이고, 하나님을 섬기기 위하여 함께 연합된 회중이다. 그러므로 넓은 의미에서 교회는 우주적이다.[42] 웨슬리는 "우주적 교회(The Catholic Universal Church)를 하나님께서 세상으로부터 부름을 입게 한 전 세계에 있는 모든 사람들로서, 이들은 한 몸이며 한 성령에 의해 생명을 얻고 한 믿음과 한 소망 그리고 한 세례를 가지며 만민의 아버지 되시는 한 하나님을 소유하여 결합된 하나님의 몸이다."[43]고 하였다. 이처럼 웨슬리에게 있어서 교회란 본질적으로 거듭난 성도의 모임(Communion of Saints)이다.

2. 교회의 표적(The Marks of the Church)

웨슬리는 영국 교회의 39개조 종교 신조를 개정함에 있어서 교회에 관한 조항 19조를 그대로 두었고, 19항을 13항으로 줄였을 뿐이다.

> 보이는 교회는 믿는 자들의 모임으로서, 거기서 그리스도의 규례를 따라 하나님의 순수한 말씀이 선포되고 성례가 적절하게 집행된다.

이 신조 자체는 종교 개혁 또는 고전적 개신교 전통이 내포되어

---

40) Works, Ⅳ, pp.392 – 393.
41) 갈 1:11.
42) 행 9:31.
43) Works, Ⅵ, p.396.

있으므로, 예를 들면 교회에 대한 정의에는 목회가 포함되어 있지 않으나,[44] 이 신조는 분명히 다양한 주장에 대하여 관용적이다. 콜린 윌리암즈는 이 종교 신조가 의미하는 사실을 다음과 같이 세 가지로 지적하였다.

> 보이는 교회는 본질적인 것이다. 첫째 되는 것은 산 신앙(Living Faith)인데, 사실상 이것 없이는 보이거나 또는 보이지 않는 교회가 전혀 존재할 수 없다. 둘째는 하나님의 순수한 말씀을 선포하는 것과 결과적으로 이를 청취하는 것인데, 그렇지 못할 때 그 신앙은 쇠잔해지고 죽어 버린다. 셋째는 성례의 합당한 집행, ─ 하나님의 신앙을 더하게 하시는 정상적 수단이다.[45]

웨슬리의 주장은 말씀과 성례에 기존하는 그리스도의 현존과 관련된 객관적 신성성이 신자들 속에 산 응답의 객관적 신성성을 초래하지 못한다면 교회는 참으로 교회가 아니라는 것이다. 그는 이같은 세 가지의 강조가 교회의 존재와 선교에 본질적인 것이라고 믿었다.[46]

그러나 그것들을 함께 견지한다는 것이 어떻게 가능한가? 수다한 교회관과 모이는 교회관이 어떻게 화해할 수 있는가? 경건성을

---

44) Roger Mehl, The Ecumenical Review(April, 1957), IX, No.3. pp.247 ─ 248. quoted in 콜린 윌리암즈, op. cit., p.152; 목회는 하나님에 의해서 제정되었고 목회 없는 교회는 존재할 수 없다고 주장하는 반면에 종교개혁의 신앙고백은 목회를 교회의 표지로 삼지 않았다. 이 현저한 모순의 이유는 간단하다. 즉 목회는 교회의 선교만을 위해 존재하기 때문이다. 그것은 근본적으로 본질과 선교가 일치하는 교회의 필수적인 기구이다.
45) 「총서」, 제4권(존 웨슬리의 생애), pp.152 ─ 153.
46) Ibid., p.160.

초래하고 산 신앙을 불러일으키지 못하는 많은 사람들이 성례와 설교에 관련될 것이다. 웨슬리의 해답은 교회 속의 작은 교회(ecclesiolae in ecclesia)의 개념, 곧 말씀 아래 살고 있고 세례를 받은 전체 회중 가운데서 규칙적 생활을 따라 거룩함의 누룩이 되고자 하는 신자들의 임의적 소집단들의 개념을 사용하였다.[47] 이와 같은 교회의 표적은 목회훈련의 근거로써 중요하다. 산 신앙은 목회가 추구해야 할 목표이며, 순수한 말씀과 성례전의 올바른 집행은 산 신앙을 가능하게 하기 위한 목회훈련의 내용이다.

D. 웨슬리의 목회훈련관

1. 목회의 계승

웨슬리는 1744년 실시한 제1회 연회에서 목회의 임무는 무엇인가에 대하여 "하나님이 위탁하신 영혼을 돌보는 것"[48]이라고 하였다. 웨슬리는 목회를 하나님께서 교회의 사역을 통하여 위탁하신 영혼을 돌보는 것으로 보았다. 즉 웨슬리에게도 전통적인 목회의 개념이 있었다.

나아가 웨슬리는 목회의 계승을 정의함에 있어서 가톨릭의 수평

---

47) Ibid.
48) 노종해, "감리교회의 교회관"「산돌」제7집 (서울: 감리교 협성신학교, 1984), p.85.

적 견해와는 달리하고 있다. 그는 1761년 런던 『크로니클』지에 보낸 편지에서 개혁 교회의 목회에 분명한 연속적 계승이 있음을 다음과 같이 피력하였다.

개혁 교회에는 '하나님이 임명하시고 지원하시는 목사들과 교사들의 영구적인 계승(a perpetual succession)이 있다.' 따라서 개혁교회에는 하나님이 임명하시고 또한 지원하시는 목사들과 교사들의 계승이 중단되지 않는다. 그들은 죄인들을 하나님께로 개종시키는 일을 하는데, 하나님이 그들을 임명하시고 지원하시지 않으면 아무도 그 일을 할 수 없다. 그러므로 그 명칭이 그들에게 적합하다. 이 교사들은 처음 성자들에게 주어진 신앙(the faith once delivered to the saints)을 모든 세대를 걸쳐서 전달하는 특유한 계승자들이고, 그 회원들은 참 신자들이 모인 '하나의 거룩한 집회'(the only society of true believers)와 더불어 진정한 정신적 교제를 나눈다. 결국 그들은 하나님의 백성 전체(the whole people of God)는 아니라고 할지라도, 그의 백성은 무시할 수 없는 일부분이다.[49]

여기서 목회의 계승은 말씀과 관련되어 정의되었고 이로 말미암아 목회의 당위성이 엄연히 존재함을 알 수 있다. 그럼에도 불구하고 웨슬리가 목회자라는 것에 대하여 의문을 제기하며, 그는 단순히 복음전도자였다고 주장하는 사람이 있다. 그 주장의 기본 개념은 그는 교구를 갖지 못했고, 구체적인 목양을 하지 않았다는 것이다. 그러나 우리는 웨슬리가 교구를 갖지 못했음은 전적으로 타의에 의해서였음을 주목해야 할 것이다.

사람들은 나더러 다른 교구에서는 이런 일을 하지 말라고 합니다.

---

49) Letters, Ⅳ, pp.137 - 138.

그 말은 실제로 아무것도 하지 말라는 뜻입니다. 나는 현재로 내 자신의 교구를 갖고 있지 않으며, 어쩌면 앞으로도 그럴 것이기 때문입니다. 그렇다면, 나는 누구의 말을 들어야 합니까? 하나님 입니까, 아니면 사람입니까? ……

이제 괴로운 마음으로 이 문제에 관한 나의 원칙을 말씀드리겠습니다. 나는 온 세상을 교구로 생각합니다. 이 말이 뜻하는 바는, 내가 이 세상의 어느 구석에 있더라도 구원의 기쁜 소식을 듣고자 하는 모든 사람들에게 그것을 선포하는 것이 합당하고 정당하며 그것을 나의 본분으로 간주한다는 것입니다. 내가 알기로는 하나님께서 이 일을 위하여 나를 부르셨으며, 이 일에는 하나님의 축복이 따른다는 것을 나는 확신합니다.[50]

웨슬리는 분명히 목회자였다. 그는 목사를 여전히 하나님의 수중에 있는 도구로 보았으며,[51] 목사의 역할에 대하여 '목사에 대한 순종'(On Obedience to Pastors)이라는 설교에서 다음과 같이 피력하였다.

목사들은 양 무리에 앞서가며(이것은 오늘날까지 동양 목자들의 습관입니다), 모든 진리와 성결의 길로 그들을 인도해야 할 것입니다. 그들은 영원한 생명의 말씀으로 그들을 양육하며, 순전한 말씀의 젖으로 그들을 먹여야 합니다. 끊임없이 말씀을 교리에 적용해야 합니다. 즉 그들에게 그 안에 감추어진 모든 본질적인 교리들을 가르쳐야 합니다. 책망을 위하여 말씀을 적용해야 합니다. 즉 그들이 바른 길에서 벗어나 좌로나 우로나 치우쳤다면, 그들을 경고해야 합니다. 바르게 하는 데 말씀을 적용해야 합니다. 즉 그들에게 그릇된 것을 어떻게 수정할 수 있는지를 보여 주어야 하며, 평화의 길로 되돌아오도록 지도해야 합니다. 의로 교육하기

---

50) Letters, Ⅰ, p.286.
51) Robert W. Burter, Robert E. Chiles, 「웨슬레 신학개요」 김운기 역 (서울: 전망사, 1988), p.247.

위하여 말씀을 적용해야 합니다. 즉 그들이 완전한 인간이 되어 그리스도의 장성한 분량의 충만한 데까지 이르러 외적인 성결을 성취할 때까지 그들을 훈련시켜야 합니다.[52]

웨슬리는 목사의 역할에 목회훈련이 있음을 명백하게 주장하였다. 사실 목사는 훈련된 사람이어야 하고, 또한 훈련시키는 사람이어야 한다. 만일 목사가 훈련되어 있지 않다면 그는 사역을 제대로 감당할 수 없을 것이고, 그에게 맡겨진 영혼들을 푸른 초장과 쉴 만한 물가로 인도할 수 없을 것이다. 또한 목사는 훈련시키는 사역을 잘 감당해야 한다. 왜냐하면 목사 혼자서 모든 일을 다 할 수 없기 때문이다. 그러므로 목회훈련이란 신자의 삶을 말씀과 성례전으로 기인하는 능력이 구체적으로 일상생활에까지 미쳐 모든 진리와 성결의 길로 인도하도록 책망, 경고, 지도, 감독, 권면, 징계하는 것을 의미한다. 목회훈련은 초대교회에서부터 존재하였다 (갈 2:14 ; 고전 5:11 - 13). 린지(Lindsay, Thomas Martin 1843 - 1914)는 말하기를 "목회훈련은 초대교회의 신경(Nerve)이었으며 교제와 수찬금지는 목회훈련의 신경과 같았다."[53]고 하였다.

2. 교직제도(Ministry)

교직제도에 있어서 웨슬리는 처음에 감독 제도를 성경적이요, 사도적이라고 믿었으나, 스틸링플리트(Stillingfleet)의 평화제의(Irenicon)[54]

---

52) Sermons, I, pp.4 - 5.
53) Thomas Martin Lindsay, A History of the Reformation (New York: Charles Scribner's Sons, 1907), p.110.

와 로드 킹(Lord King)의 '초대교회에 관한 이해'(Account of the Primitive Church)를 읽고 자신의 생각을 부끄럽게 여겨 자신의 견해를 바꾸었다.[55]

웨슬리에게 있어서 교직에 관한 문제가 대두된 것은 그가 전도사 역을 위하여 동생 찰스(Charles Wesley)와 자신을 돕는 보조자를 뽑기 시작했을 때부터였다. 웨슬리가 임명한 평신도 설교자(Lay Preacher)들은 대부분 안수도 받지 않았는데 교회제도상 어떻게 이해되어야 하는가 하는 문제였다. 또 미국에 메소디스트회가 생기게 되자 그곳에 감독과 목사를 임명하고 안수하여 전도의 장으로 파송하였다. 이와 같은 웨슬리의 일련의 행동은 당시 영국 교회 안에 적지 않은 논란을 일으켰다.

이러한 문제점들에 대해 웨슬리는 성경과 초대교회에서의 예를 들어 나름대로 설명을 하였다.[56] 그는 두 종류의 교직자가 있다고 보았다. 첫째는 설교하거나 전도하는 책임이 있는 교직자이고, 둘째는 교회를 다스리고 성례전과 안수례를 집행하는 교직자이다. 전자는 특별한 전도자로서 제도적인 통로가 아닌 좀 더 직접적인 하나님의 영감에 의해 세워졌다고 보았으며, 후자는 목사－사제(Pastors－Priests)로서 교회의 정상적이고도 기존화된 제도적인 목회자로 보았다. 그리하여 웨슬리는 영국교회의 사제들은 목회나

---

54) Letters, Ⅳ, p.150.
55) 그가 확신한 것은 '감독 안수만의 타당성'(none but Episcopal ordination) (Letters, Ⅳ, p.150; Letters, Ⅲ, p.136, 182)을 믿는 것이 잘못되었다는 것과 아울러 감독들을 통한 차단 없는 계승은 허구에 불과하다는 것이었다.(Letters, Ⅳ, p.140; Letters, Ⅶ, p.121) 그러나 그럼에도 불구하고 이것은 웨슬리가 감독제도의 형태나 또는 기사적 연속성의 중요성을 배격하였다는 것을 의미하지는 않는다.
56) Works, Ⅶ, pp,274－275.

성례전 그리고 안수례를 집행하는 권한을 갖는 교직자이고, 메소디스트의 전도자－설교자들은 설교와 전도의 책임을 가진 교직자로 보았다.57) 이로 인하여 웨슬리는 자기의 추종자들에게 정규 목사들의 목회에 계속적으로 관심을 갖도록 요청하는 반면에, 평신도 보조자들은 참된 말씀을 조직함으로써 수직적인 것과 수평적인 것을 함께 견지하도록 하였다.58)

웨슬리는 교역자의 서열에 있어서 셋으로 구분하였는데 그 셋은 감독(Bishop)과 장로(Presbyters or Priests), 그리고 집사(Deacons)이다. 그러나 감독과 장로 사이에는 근본적인 차이가 없다고 하였다. 즉 그는 본질에 있어서는 두 서열로 보았다. 즉 성례전과 안수를 집행하는 권한을 위임받은 교역자(감독과 장로)와 그 아래 서열의 교역자(집사)가 있다고 보았다.59) 그러나 웨슬리는 교직제도는 모든 시대를 위해서 정해진 것은 아니라고 보았으며, 오히려 여러 다른 교직제도에 있어서 수없이 많은 다양성이 있어온 것이 틀림없다고 하였다. 즉 그는 성경에서는 교직제도에 있어 어떠한 획일성이 없다고 하였다.60)

교직제도에 대하여 자유로운 태도를 견지한 웨슬리는 교직이 교회 또는 교파에 따라 다종다양할 것임을 인정했다. 왜냐하면 교회의 직책에 따라 그 수임자도 시대에 따라 다를 수밖에 없기 때문이다.61)

웨슬리는 그의 '교직자의 직무에 관하여'라는 설교에서 그가 항

---

57) H. A. Snyder, op. cit., pp.116－118.
58) 콜린 윌리암즈, op. cit., p.157.
59) Ibid., p.237.
60) H. A. Snyder, op. cit., pp.98－99.
61) 송홍국, 「웨슬레 신학」(서울: 대한 기독교서회, 1980), p.165.

상 메소디스트들을 사제(Priests)로서가 아니라 예언자(Prophets)로 임명했으며, "우리는 그들이 성례전을 집행하지 않고 단지 설교만 하도록 용납했다."[62]고 했다.

웨슬리는 어떤 대가를 지불하든지 이 구분만큼은 분명하게 하여 영구적인 것이 되게 하였다. 그는 일생 끝까지 메소디스트가 영국 국교회와 분리된 한 종파로서가 아니라 영국 국교회 내 성결의 누룩(a leaven of holiness), 교회 안에 있는 작은 교회로 여전히 남아 있게 하고자 하였다. 웨슬리는 교회의 제도 및 교직에 대하여 상대적이며 실용적이었음을 알 수 있다.

웨슬리는 교직제도의 타당성을 믿었다. 그럼에도 불구하고, 그는 목사로서 안수할 수 있는 이론적 권리가 있다는 사실을 세 가지 교직제도 서열로써 문제에 대해 해결하는 데 도움을 주지 못했다. 왜냐하면 그가 가시적 연속성을 참으로 중요하다고 믿었기 때문이다.[63] 그는 자신이 목사나 감독을 안수한 것에 대해서 두 가지 근거를 들어 나름대로 정당화시켰다. 첫째, 성서에서는 장로와 감독이 같은 것이므로 자기도 안수할 수 있다고 본 것이며, 둘째는 불가피한 필요성에 응한 것이다. 즉, 교회의 제도나 법이 절대적인 것이 아니라 필요에 따라 다양할 수 있다고 이해한 그는 자신의 안수를 성서나 초대교회의 전통이나 또는 영국 국교회의 교리에도 일치될 수 있다고 하여 정당화시켰다. 그러나 무엇보다도 교회가 복음을 널리 자유롭게 전파하는 것을 최상의 사명으로 보았기 때문에 그에 순종하는 뜻에서 이를 정당화한 것이다.[64] 웨슬리는 미국을 위한 자기의 안수가 '정낭하나 변칙석'(valid but irregular)이

---

62) Works, Ⅶ, p.277.
63) 콜린 윌리암즈, op. cit., p.239.
64) 조종남, op. cit., pp.180 - 181.

라는 상징으로서 '감독'(Bishop)을 '감리사'(Superintendent)로, '장
로'(Presbyter)를 '장로'(Elder)로 직함을 바꾸었다.65)

웨슬리에 있어서 안수의 중요성을 콜린 윌리암즈 박사는 다음과
같이 보았다.66)

① 웨슬리는 기계적 계승설을 용납하지 않는 반면에, 교회의 유
  기적 연속성을 주장하였다.
② 웨슬리는 목회를 안수의 연속성의 상징으로 간주하였다.
③ 웨슬리는 가시적 연속성뿐만 아니라, 말씀과 교회의 선교의
  연속성에도 관심을 두었다.
④ 웨슬리가 확신한 것은 신약성서에는 제시된 '제도'가 없으므로
  개혁교회는 일개의 합법적 교회(교회 전체가 아니라)이지만 목
  회의 세 가지 질서는 정상적인 것이었다는 것과, 연속성과 일
  치를 위하여 가급적이면 그것은 유지되어야 한다는 것이었다.

지금까지 살펴본 대로 웨슬리는 교역자의 서열에 있어서는 셋으
로 구분하였지만 본질적으로는 두 서열로 이해하였다. 즉, 성례전
과 안수례를 집행하는 권한을 위임받은 교역자(감독과 장로)와 그
아래 서열의 교역자(집사)이다. 그는 하나님께서 각 사람에게 다른
은사를 주시듯이 교직의 직분도 시대를 따라 다르게 주실 것이라
고 생각했다. 나아가 그는 성서에는 어떤 결정적인 교회 정치제도
를 주신 것이 없으며 따라서 일정한 형태를 주신 것도 없다고 하
였다. 1836년에야 비로소 안수가 재개되었고, 그 세기 말엽에 가
서 메소디스트는 자체를 교회라고 부르기 시작했다.67)

---

65) 「총서」, 제4권(존 웨슬리의 생애), p.245.
66) Ibid., pp.244 - 247.
67) Ibid., p.257.

지금까지의 내용을 요약하면, 웨슬리는 18세기의 대부분을 산 사람으로 메소디스트를 조직한 조직자이다. 그는 어려서부터 신앙의 집안에서 철저하게 교육받았으며 그것이 훗날 목회훈련에 지대한 영향을 미쳤다. 그의 일생에 있어서 1738년 5월 24일 중생의 체험과 1739년 1월 1일 성결의 체험은 그를 완전히 변화시켰다. 웨슬리가 처해 있었던 시대는 정치적으로 혼란과 무질서, 사회 도덕적으로 불경건 시대였고, 종교적으로 이신론의 지배를 받았던 시대로 이로 인하여 신앙은 영력을 잃어갔고, 형식주의로 기울어졌으며, 종교 지도자들은 아무런 종교적 열정이나 죄인을 구원하려는 뜨거운 구령열이 없었으니 실로 새로운 갱신이 요청되는 시대였다.

웨슬리는 목회훈련의 장으로 교회를 대단히 중요하게 여겼다. 그에게 있어 교회란 본질적으로 거듭난 성도의 모임이며 교회의 표적은 산 신앙, 순수한 말씀, 그리고 성례의 올바른 집행이다. 그는 목회의 임무를 '하나님의 위탁하신 영혼을 돌보는 것'으로 보았고, 개혁교회에 분명한 목회의 연속적 계승이 있음을 피력하였다. 그는 목사를 하나님의 수중에 있는 도구로 보았으며 목사의 임무에 훈련이 있음을 주장하였다. 그리고 교직자의 서열을 셋(감독, 장로, 집사)으로 보았으나 본질적으로는 두 서열(감독과 장로, 집사)로 이해함으로써 목회훈련의 길을 열어 놓았다. 이상으로 웨슬리의 목회훈련의 이해를 살펴보았고, 제Ⅲ장에서는 목회훈련의 조직과 내용을 고찰해 보고자 한다.

존 웨슬리의 목회훈련의
조직과 내용

웨슬리가 우룻에서 부목사 직에 있을 때 어떤 신도 한 사람이 그에게 "당신이 천국에 가려면 동지를 얻거나 그렇지 않으면 만들어야 합니다. 성경에 은둔적 신앙을 장려한 말씀은 하나도 없습니다."[68]고 말하였는데 웨슬리의 머릿속에는 이 말이 언제나 떠나지 않았다.

사실 웨슬리는 실제적이었다. 그렇지 않았다면 그는 아무것도 아니었다. 그가 말하는 기독교인의 완전이라는 높은 수준도 실제적인 것이었다. 그러므로 그의 교회에 대한 이해와 초기 메소디즘의 체험은 오늘날 하나님의 백성의 삶에 대단히 중요하다.[69]

이제 메소디스트 운동이 점차로 확장되고 신도가 증가됨에 따라 웨슬리는 영국교회에서 사용하던 신도회(Society) 제도와 모라비안 교도들이 사용하던 반회 제도의 필요를 느끼게 되었다.[70] 또한 웨슬리는 철저하게 성경의 사람이었으며 일생을 설교로 살았고, 성례전을 대단히 중요하게 여겼다.

본 장에서는 웨슬리의 전도(목회) 활동으로 형성된 연합신도회, 속회, 반회, 선발신도회, 참회자반, 그리고 연회의 조직과 성격을 살펴봄으로 웨슬리의 목회훈련의 조직을 살펴보고, 목회훈련의 내용으로는 하나님 말씀과 성례전을 고찰해 보고자 한다.

---

68) 송흥국, op. cit., p.116.
69) H. A. Snyder, op. cit., p.160.
70) 송흥국, op. cit., p.116.

A. 목회훈련의 조직

1. 연합신도회(The United Societies)

웨슬리는 영국사회의 성직자로 일생을 살기를 원했고, 또한 그렇게 살았다. 그는 할 수 있는 한 영국사회의 전통에서 벗어나지 않으려고 노력하였다. 그는 새로운 교회나 교단을 만들 생각을 전혀 갖지 않았다. 그의 목회활동은 모든 사람으로 하여금 온전한 그리스도인이 되기를 원하였다. 그는 자기를 따르는 무리들에게 자신들이 살고 있는 교구의 영국 국교회에 참석하라고 하였다. 그러나 구원을 갈망하여 장래에 임할 진노를 피하고 진실한 믿음을 간직하려는 이를 위하여 신도회를 조직하기에 이르렀다.

웨슬리는 신도회의 기원을 서술함에 있어서 "형식을 갖추고 성결한 능력을 추구하는 사람들의 집단으로서 함께 기도하기 위하여 모이고 권면의 말씀을 들으며 서로 사랑으로 돌봄으로써 그들의 구원을 이루기 위하여 서로 돕는다."[71]고 하였다. 그는 1739년 6월 11일(월)자 일기에서 그의 확신을 다음과 같이 피력하였다.

> 나의 원칙은 이것입니다. 크리스천이 되고자 하는 욕망과 그렇게 되는 데 도움이 되는 것이라고 판단되는 것은 무엇이라도 해야 한다는 확신이 있으며, 이 목적을 달성하는 데 필요하다면 어디라도 가야 한다고 판단될 때 그곳에 가야 한다는 확신입니다. …… 하나님께서 기뻐하신다면 어디든지 부르시는 대로 갈 준비가 되어 있으며 이것이 바로 나의 확신입니다.[72]

---

71) Works, Ⅷ, p.269.

이와 같은 확신과 신앙으로 그는 신도회를 조직하기에 이르렀다. 이 신도회에 가입하는 유일한 조건은 "다가오는 진노에서 피하고 그들의 죄에서 구원받고자 하는 갈망"(To free from the wrath to came, to be saved from their sins)[73]이라고 하였으며 이것이 영혼에 진실로 몰두되어야 하며 그 결실에 의해서 보여야 한다고 하였다. 그러므로 모든 회원은 계속해서 간구해야 하고 그들의 구원의 갈망을 계속 증거해야 한다고 규정하였다.

웨슬리는 1743년 5월 1일 선포한 신도회 규칙에서 이의 설립에 대하여 다음과 같이 기록하였으니, "1739년 말 8 - 10명이 런던으로 나를 찾아와, 진노에서 면하는 방법에 대한 권고를 위해 몇 시간을 같이 보내자고 요청하여 왔고, 나는 매주 목요일 저녁에 모일 것을 정하였다."[74]라고 하였다. 이러한 모임은 더 많은 사람이 모이게 되었고 그 수가 날마다 증가하였다.

웨슬리는 성경을 신앙과 실천의 유일한 규칙(The Only Rule)과 충분한 규칙(The Sufficient Rule)으로 삼고 신도회의 총칙을 실행하도록 훈련시켰다. 또 이 총칙을 습관적으로 범했을 경우 잘못을 타일렀고 그래도 회개치 않으면 출회시켰다. 이 총칙은 그들의 일상생활의 구체적 상황과 관련되어 있다. 그 조목들은 다음과 같다.

---

72) 「총서」, 제7권, pp.93 - 94.
73) Works, Ⅷ, p.270.
74) 1738년 11월 런던에서 최초의 신도회가 조직되었고, 이어서 런던과 브리스톨 지역 등에 수십 개의 신도회들을 조직하였다. 그리고 이 신도회를 합친 연합신도회를 결성하였다.(H. A. Snyder, op. cit., p.35.) 이 연합신도회는 1743년 5월 1일 창설되었고,(Works, Ⅳ, p.241) 5월 10일에는 연합신도회 총칙(the General Rules)을 제정하여 신도회에 보냈다.(Works, Ⅳ, p.269)

① 악을 행하지 말 것.

실례로서, 웨슬리는 불경건한 말, 술 취함, 밀수, 사치스런 옷, 불필요한 낭비, 방종, 탐욕을 금하도록 하였다.

② 선을 행하라.

특히 가난한 자, 병든 자, 실족한 자를 돌보아 주고, 믿음의 식구들에 대하여 특별한 책임감을 느끼면서 가르침과 권고와 책망으로 사람들의 영혼을 보호하는 것이다.

③ 하나님의 모든 규례에 참여하는 것75).

신도회에 속한 자들은 교회의 예전과 성례에 참여함으로써 전체 회중의 협조를 받아야 한다. 그러나 웨슬리는 설교가 교회에서 저조함을 목격하고, 회원들은 신도회에서 말씀의 선교에 참여하고 거기서 기도하고 상호 격려할 필요성을 강조하였다.76) 또한 그는 복음 선전의 최선의 방법으로 신도회를 활용하였다. "런던과 브리스톨과, 성 아이브스와 슈유카슬과, 그 밖에 신도회가 있는 곳에서부터 점차로 조금씩 범위를 넓혀 전도할 것이다. 그리하여 적은 누룩이 소리 없이 점차로 큰 세력으로 퍼져 나가게 할 것이다. 그렇게 하면 하나님의 도우심이 늘 함께하실 것이다."77)고 하였다. 그는 신도회를 복음전파의 기지로 활용하였다.

우리가 신도회에서 분명히 기억해야 하는 것은 신도회는 회심자를 훈련시키기 위한 모임이었지, 다른 이유 즉 교회나 교단을 만들 생각은 아니었으니 교회 안에 있는 작은 교회로 복음 선전의 최상의 수단으로 활용되었다. 계속해서 신앙생활을 하며 영혼을 돌보고

---

75) 콜린 윌리엄즈, op. cit., p.147.
76) Ibid.
77)「총서」, 제8권, p.261.

격려하며 함께 기도하기 위하여 모였다. 또한 성령의 증거를 통해서 진실한 믿음이 있음을 나타내어 사랑을 실천하며 선교를 돕고 참여하도록 하기 위해 모인 것이다. 그러므로 웨슬리는 교구 교회가 예배 중인 시간에는 신도회 모임을 허락하지 않았다. 왜냐하면 신도회 회원들이 교구 영국 국교회 예배에 참여하는 것에 지장을 주지 않기 위함이었다. 만일 신도회에 가입한 신도들이 교회의 예배 시간에 따로 모이면 그들과는 다시 상관하지 않겠다고 하였다.

그는 이 조직이 방대해지자 회심자를 속회와 개개인의 신앙생활을 독려하는 신앙 고백반인 반회로 나누었다. 속회가 연합신도회의 신앙 훈련적인 모임이라면 반회는 신앙 고백적인 모임이다. 속회가 연합신도회의 핵심 조직이라면 반회는 속회의 핵심 조직이다. 이것을 도표로 보면 다음과 같다.[78]

---

78) 노종해, 「한국 감리교회의 성격과 민족」 (서울: 성광 문화사, 1983), p.138.

도표 1)

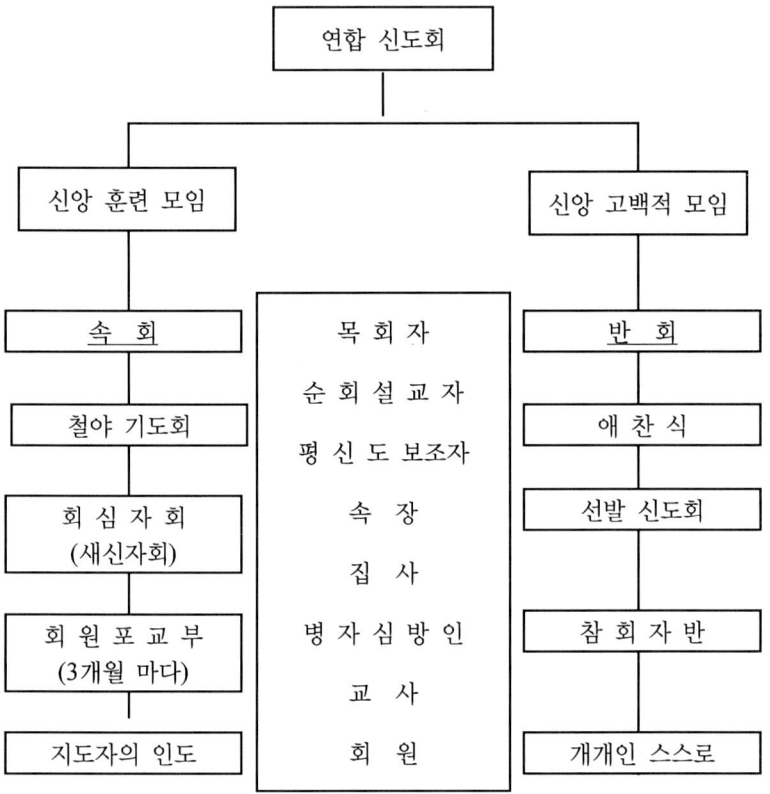

연합 신도회

신앙 훈련 모임

속 회
철야 기도회
회 심 자 회
(새신자회)
회 원 포 교 부
(3개월 마다)
지도자의 인도

목 회 자
순 회 설 교 자
평 신 도 보조자
속 장
집 사
병 자 심 방 인
교 사
회 원

신앙 고백적 모임

반 회
애 찬 식
선발 신도회
참 회 자 반
개개인 스스로

2. 속 회(Class Meeting)

웨슬리에게 있어서 속회의 기원을 살펴보면 다음과 같다.

그들을 속으로 나누어 내가 가장 믿을 수 있는 사람들로 하여금
그들을 돌보게 하는 길밖에는 더 좋은 방도가 없다는 것이었다.

이것이 런던에서는 감리교의 속회의 기원이다. 여기에 대해서 내가 하나님께 충분히 감사드릴 수 있는 길을 도저히 찾지 못하겠다. 이 제도가 말할 수 없이 유용하다고 하는 것은 그 후로 시간이 갈수록 더욱 명백해졌다.[79]

속회는 1742년 2월 15일(월) 브리스톨[80]에서와 동년 3월 25일(목) 런던에서 처음으로 시작하였으며, 조직은 12명씩이 되었고,[81] 한 주 한 번씩 목요일에 모이도록 하였다.[82] 1746에는 전 지역에서 메소디스트의 전형(Patterns)이 되었다. 그리고 이 속회에는 전 메소디스트회원이 조직되었으며[83] 주거 지역을 중심으로 지역과 회원들의 인접관계를 참고로 하여 조직되었다.[84] 웨슬리는 이 속회가 메소디스트회 전제의 기초가 되는 것으로 생각하였다.[85] 이처럼 속회는 메소디스트회 조직의 핵심일 뿐 아니라 새로 개종한 자를 위한 교회의 조직으로서 이상적인 것이었으며 신앙훈련의 모임이었다.[86] 그러므로 웨슬리는 작은 교회로 견지할 의도로 예언자적 직능과 제사적 직능을 구별하도록 호소하였다.

웨슬리는 속회가 한곳에 모이기 시작한 이유를 "① 속장의 시간 허비 ② 찾아오는 것 싫어하는 일(집주인, 친척) ③ 속장이 만나

---

79) 「총서」, 제7권, p.121. 1742년 3월 25일 일기.
80) Ibid. 1742년 2월 15일 일기.
81) Ibid. 노종해, 「한국 감리교회의 성격과 민족」, p.124.
82) David Lowes Watson, The Early Methodist Class Moting (New York: Discipleship Resource, 1984), p.94.
83) H. A. Snyder, p.60. Band에는 약 20%의 감리회원만이 조직되었으나 속회에는 전 회원이 조직되었다.
84) 이기춘, "속회의 시각에서 본 웨슬레의 교회 구조론", 「기독교 세계」 제682호. (1984. 10), p.30.
85) 「총서」, 제3권, p.245.
86) Ibid.

도 자유롭게 권면, 책망, 위로, 격려할 기회가 없음 ④ 찬반 의견을 한 데 모을 수 없음 ⑤ 친척과 이웃 사이에 오해가 발생하므로 이를 풀기 위해 서로 대면이 필요하므로 한곳에 모이기 시작하였다."[87]고 하였다. 속회원은 매주 한 번 한 시간 정도로 저녁에 모여서 자신의 영적인 성장 상태에 대하여 말하고 특별한 필요나 문제들에 대해서는 다른 사람들의 기도를 받거나 도움을 받았다. 또한 그 운영을 보면 "필요한 때는 조언이나 책망을 받게 되었고 다투었던 일을 화해하였다. 이러한 사랑의 수고를 한두 시간 하고 나서 기도와 감사로 결론을 맺었다."[88]고 하였다. 또한 속회원들은 일주일에 1페니, 세 달에 1실링을 내도록 되어 있었고 이것으로 가난한 자들을 돌보고 순회 전도자들을 지원하는 데 사용하도록 하였다.

웨슬리는 속회 회원들에게 조그만 티켓을 발행해 주었는데, 그 카드엔 그 사람의 이름과 날짜, 웨슬리나 메소디스트 설교자 한 사람의 서명이 들어 있었다. 이것은 속회 회원증으로 이것을 가진 자는 애찬식에 참여할 수 있었다. 신실치 못한 회원들은 그다음 기회에 티켓을 새로 발급받지 못하고 결국은 애찬식에서 제외되었다.[89]

속회의 회원이 되려는 사람의 자격은 구원받기를 원하는 자는 누구나 남녀노소 구별 없이 다 가능하였으나 신도회에 가입이 허락될 때 증서가 발급되며 3개월의 예비 기간 후 마지막에 속장이 완전한 속회원의 자격을 자문했다.[90] 가입된 속회원은 속회에 규칙적인 출석을 이행해야 하였고, 만일 세 번 이상 연속 결석하면

---

87) 노종해, 「한국 감리교회의 성격과 민족」, pp.125 - 126.
88) Works, Ⅷ, pp.253 - 254.
89) H. A. Snyder, op. cit., p.38.
90) Watson, op. cit., p.106.

자동으로 속회에서 추방되었다.[91] 웨슬리는 속회원이 지켜야 할 규칙은 연합신도회 회원이 지켜야 할 규칙을 그대로 적용하였다.[92] 미국의 속회 연구가인 데이빗 왓슨 박사(David Lowes Watson)는 속회의 신학적인 의미를 다음과 같이 피력하였다.

> 속회는 세상을 향해 증언하는 그리스도인들이 인간 역사의 특정한 시기와 장소에 하나님이 그들에게 할당한 특별한 사역들을 수행하는 데 있어서 서로를 격려할 수 있게 하는 신통한 은혜의 수단이었다.[93]

이와 같이 속회는 그 신학적인 의미로 볼 때에 복음의 진리를 깨달아 가는 역할이 되었으며 동시에 이 은혜의 수단인 속회를 통하여 사람들을 회심시켰다.[94] 목회훈련적 측면에서 웨슬리가 속회 회원과 그 지도자들에게 부여한 지침들을 살펴보면 다음과 같다.

(가) 회원: 일주에 목요일 한 번 모임
 1. 가난한 자들의 생활을 보살피기 위하여
 2. 그들의 영혼을 구원하기 위하여
 3. 그들을 위로하고 충고하고 격려해 주기 위하여

(나) 속회지도자(Leader): 매주 한 번씩 모임
 1. 속회 내의 사람들을 찾아가서 그들의 영적 성장을 조사하고 기회가 닿는 대로 충고하고 견책하고 위로하고 권고한다. 그들이 바치는 헌금을 모아서 가난한 자들을 구제한다.
 2. 신도회에 교역자나 구역장을 만나서 병든 자나 생활이 흐

---

91) Ibid., p.107.
92) 콜린 윌리암즈, op. cit., p.147.
93) Watson, op. cit., p.145.
94) Ibid., p.132.

트러진 자, 견책을 듣지 않는 자들에 대해 교역자에게 보고하고 전 주에 여러 속회에서 받은 헌금을 전달한다.[95]

(다) 구원받기 위한 행동 지침

1. 나쁜 일을 하지 않고 모든 일에 있어서 악한 생각을 피한다.

　가. 하나님의 이름을 망령되이 부르지 않는다.

　나. 안식일에 사고팔며 일하여 성일을 더럽히지 않는다.

　다. 독한 술을 팔고 사지 않으며 마시지 않는다.

　라. 말다툼을 피하고 법정에 고소하는 싸움을 하지 않는다.

　마. 부정한 물품을 사고팔지 않는다.

　바. 고리로 돈을 빌려 주지 않는다.

　사. 불경건한 농담을 하지 않는다.

2. 선한 일을 행한다.

　가. 기회가 있는 대로 모든 사람에게 좋은 일을 하되 특히 굶주린 자에게 먹을 것을 주고 헐벗은 자에게 입을 것을 주며 환자나 죄수를 찾아가서 도와준다.

　나. 성결을 그들에게 가르쳐서 잘못을 뉘우치게 하고 그들의 영혼을 구원하도록 한다.

　다. 이 같은 일을 오래 참음과 꾸준한 노력으로 계속하며 자신의 십자가를 매일같이 진다.

3. 하나님의 명령에 적극적으로 참여한다.

　가. 공예배에 참석한다.

　나. 설교를 들으며

　다. 주의 만찬(성만찬)에 참여하며

　라. 은밀히 기도하며

---

95) Works, Ⅷ, p.253.

마. 성경을 보고 연구하며

바. 금식한다.

(라) 경건 생활 지침

　1. 기 도

　　가. 회개와 화해에 대한 감사의 기도를 드리는가?

　　나. 매일 아침저녁으로 개인 기도를 하는가?

　　다. 매일 아침 5시에 새벽 기도회를 드리는가?

　2. 성서연구

　　가. 매일 일정한 분량을 계속적으로 읽는가?

　　나. 성경을 보기 전에 정기적으로 기도를 하는가?

　　다. 성경에서 배운 바를 실천하려고 하는가?

　　라. 성경 연구를 치밀하게 하는가?

　　마. 시간을 정해 놓고 규칙적으로 성경을 연구하는가?

　3. 성만찬

　　가. 기회가 있을 때마다 성만찬에 참여하는가?

　　나. 참석 전에 엄숙하고 진지한 기도를 드리는가?

　　다. 참여하면서 자기 몸을 바쳐 헌신할 것을 다짐하는가?

　4. 금식: 매주 금요일마다 성경대로 금식하는가?[96]

웨슬리가 속회 회원들을 철저히 훈련시키고자 하였음을 이와 같은 지침들을 통하여 알 수 있다. 웨슬리는 지도자들을 소집하여 각자 주일마다 방문하는 교인들의 생활에 대해 유심히 관찰하여 보고해 줄 것을 당부하였고, 그들은 지시대로 이행하였다. 그로 인

---

96) John S. Simon, John Wesley and Methodist Societies (London: Epworth Press, 1923), pp.101－113.

해 옳은 길을 가지 않는 사람들의 이름이 밝혀졌다. 그중 얼마는 가던 길에서 돌아서 회개했고 또 얼마는 우리에게서 아주 떨어져 나가기도 했다. 많은 사람들이 이 방법을 두려워하게 되었고 경외함으로 하나님께 영광을 돌리게 되었다. 이로 인하여 웨슬리는 런던과 다른 지역에서도 같은 방법을 실시하였다. 악한 자들이 색출되고 훈계받게 되었다. 만약 그들이 죄의 길을 끊어 버린다면 다시 그들을 기꺼이 맞아들였다. 그러나 계속 그 길을 버리지 못하면 공개적으로 이름을 밝혔다. 나머지 사람들은 그를 위해 슬퍼하며 기도하였다. 이와 같이 웨슬리는 속회의 조직과 운영을 통하여 목회훈련을 실천해 나갔다.[97]

3. 반 회(The Bands)

반회에 대한 번역은 대단히 다양하다. 송흥국은 '소회'라고 했고,[98] 민경배는 '단'이라고 번역하였으며,[99] 노종해는 '신도반'이라고 번역하였으나,[100] 여기서는 반회라는 용어로 통일한다. 웨슬리는 속회 조직 이전에 1738년 페터레인회(Fetter Lane Society) 조직 시부터 반회를 조직하였다. 이 조직은 모라비안 교도들의 조직에서 유래하였다. 그러나 웨슬리는 모라비안 교도 조직에 있는 급장제를 채택하지 않았다. 웨슬리가 급장제를 채용하지 않은 이유는 모

---

97) 「총서」, 제10권, pp.105 - 106.
98) 「총서」, 제8권, p.260.
99) Williston Walker, 「세계기독교회사」, 민경배 외 3인 공역 (서울: 대한 기독교서회, 1975), p.381.
100) 노종해, 「한국 감리 교회의 성격과 민족」, p.123.

라비안 교도들에게 급장(Moniters)이란 영적인 도움이 필요한 사람들이나 잘못을 범한 것 같은 사람들에 대해서 보고하고 그것을 권면하는 것이었다. 웨슬리가 이 제도를 폐지한 것은 이 일이 반회 안에 있는 회원 상호 간에 책임을 떨어뜨린다고 생각하였기 때문이다.[101]

이 반회는 남녀별, 기혼, 미혼별로 4개 반별로 6명 단위로 조직되었다.[102] 반회 회원에게는 평균 3개월에 한 번씩 반회 티켓이 발급되었다. 이 티켓 표면에는 'Band'나 'b'자가 표기되어 있고 속회 티켓과 같은 기능을 가지며 애찬식과 성찬예배(Covenant Services)와 신도회 모임에도 참가할 수 있도록 되어 있었다. 반회와 속회의 티켓이 발행된 수에 의하면 메소디스트 전체 회원이 속회 회원인 데 반하여 반회의 회원은 속회 회원 전체의 20% 정도였다.[103] 그리고 매주 일 회씩 남자 반은 수요일 저녁에, 여자 반은 일요일 저녁에 모였다.[104]

웨슬리는 반회 회원들의 영적 성장을 위하여 다음과 같이 목회훈련을 시켰다.

1. 최소한 일주일에 한 번 모임을 갖는다.
2. 특별한 이유가 없는 한 지정된 시간에 정확히 모인다.
3. 참석자들은 정시에 찬송이나 기도로 시작한다.
4. 각자가 지난번 모임 이후에 생각으로, 말로, 행동으로 범해 온 죄와 심령의 상태를 숨김없이 순서대로 말한다.
5. 참석한 개인의 상태에 적합한 기도를 드림으로 모임을 끝낸다.

---

101) H. A. Snyder, op. cit., p.59.
102) Ibid., p.60.
103) Ibid.
104) Works, Ⅷ, p.272. 노종해, 「한국 감리교회의 성격과 민족」, p.128.

6. 참석한 사람들 중 누군가가 먼저 자신의 영적 상태에 대해서 말하고 싶어 한다면 그렇게 하고 다음에는 나머지 사람들에게 할 수 있는 한 그들의 죄와 심령의 상태와 및 유혹받은 것들에 대해서 자세히 물어본다.

7. 매주 다음과 같은 질문을 한다.

  가. 지난 모임 이후에 어떤 죄를 범했는가?

  나. 어떤 시험을 만났는가?

  다. 어떻게 구원을 받았는가?

  라. 무엇을 생각하고 말하고 행동했는가? 그중에 죄인지 아닌지 의심나는 것은 어떤 것인가?[105]

또한 웨슬리는 신도회의 가입 조건으로 내세웠던 것을 세분화하여 반회 회원들에게 당신은 '세상을 이길 만한' 믿음을 가지고 있다고 생각한다. 그러므로 당신에게 아래의 사항은 무거운 짐이 되지 않을 것이다 하면서 다음과 같은 규칙을 주었다.[106]

1. 조심스럽게 악을 행하는 일을 피하라. 특히,

  가. 주님의 날에는 무엇이든지 사거나 팔지 말라.

  나. 의사의 처방이 아니라면 어떤 술이든 먹지도 말고 맛보지도 말라.

  다. 물건을 사고파는 데 있어서 여러 말을 하지 말라.

  라. 아무것으로도 맹세하지 말라. 그런 것들 중 아무것도 생명을 구할 수는 없다.

  마. 본인이 없는 자리에서 그의 흠을 말하지 말고, 그런 사람

---

105) Works, Ⅷ, pp.272 - 273.
106) Ibid., pp.273 - 274.

을 보면 즉시 중지하도록 하라.

바. 반지, 귀걸이, 목걸이, 레이스, 옷깃의 주름장식 등 불필요
한 방종한 생활을 하지 말라.

2. 열심히 선한 일을 도모하라. 특히,

가. 당신이 가진 소유로 자선을 베풀라. 그리고 당신의 힘이
닿는 데가지 최선을 다하라.

나. 당신의 면전에서 죄를 짓는 사람은 누구나 책망하라. 그러
나 사랑과 지혜의 온유함으로 하라.

3. 끊임없이 하나님의 모든 계명을 지키라. 특히,

가. 매주 교회에 출석하고 성만찬에 참여하라. 그리고 모든 공
적인 반회에 참여하라.

나. 원거리, 사업, 또는 질병의 이유가 아니라면, 매일 아침 성
서 공부반에 참여하라.

다. 당신이 한 가정의 호주라면, 매일 개인 기도를 드리고 가
족 기도회를 가져라.

라. 틈나는 시간마다 성서를 읽고 그 안에서 묵상하라.

마. 연중 매 금요일은 금식 또는 절제의 날로 지키라.

이상으로 살펴본 것처럼 웨슬리는 반회 회원들을 아주 철저하게
목회훈련시켰음을 알 수 있다. 1747년 6월 15일부터 18일까지 열
렸던 제4회 연회에서 반회 회원들의 숙정에 대하여 다음과 같이
문답하였다.

문 6. 반회 회원을 숙정하는 방법은 무엇인가?
답 1. 각 속회를 방문할 때 먼저 반회 회원들을 아침에 나오게
해서 그들의 생활과 신정을 엄밀히 심사할 것.

2. 기혼남녀를 따로 매월 첫 수요일과 일요일에 만나보고, 독
　신 남녀는 제2 수요일과 일요일에 만나보아 심사할 것.107)

　이렇게 철두철미했던 반회도 가변적 은혜의 수단으로서108) 한계를 보이게 되어 계속해서 존속되지 못하고 사라지고 말았다. 스나이더는 이 반회가 1880년경까지 존속했다고 보았다.109)

　지금까지 살펴보았듯이 속회는 신도회에 새 신자를 받아 훈련시키고 여러 선교적 활동에 참여하는 신앙훈련적 모임(Disciplinay Cell)이고, 반회는 회원 자신의 신앙을 심화시키고 체험시키며 진실한 신앙을 추구하여 그에 합당한 신앙의 결실을 맺는 신앙고백적 모임(Confessional Group)이다.110) 즉 속회는 신도회의 핵심 조직으로서 윤리적, 영적 생활을 지키도록 훈련하고, 가르치며, 구제하는 것이고, 반면 반회는 기독자의 완전을 추구하는 모임으로 죄의 용서와 구원의 확신과 시험을 이기기 위하여 모이는 속회의 핵심이다.111) 오늘날 기구화되고 대형화되어 가는 한국교회에 웨슬리의 반회와 같은 교회 안에 작은 교회가 목회훈련을 위하여 대단히 중요하다.

---

107) 「총서」, 제8권, p.296.
108) 콜린 윌리암즈, op. cit., p.146－148.
109) H. A. Snyder, op. cit., p.62.(Note by Mr. George Stampe the last band tickets were issued that year)
110) 노종해, 「한국 감리교회의 성격과 민족」, p.131.
111) Ibid., p.127.

4. 선발신도회(The Selected Society)

선발신도회는 반회 회원 중에서도 특히 하나님의 빛 가운데서 산다고 믿는 사람들과 독실한 믿음 아래 순종의 생활을 하는 사람들로 구성되었다.112) 반회 안에 보다 친밀하고 철저한 선별된 집단이다. 이 모임은 '그리스도인의 완전'이라는 주제에 특히 관심이 있는 사람들을 위한 모임이었다. 이 모임의 의도는 다음과 같다.

> 완전의 지속적인 추구, 받은 바 은총을 실행하고 부여받은 모든 재능을 증진시키며, 서로 더욱 사랑하도록 북돋우며, 서로를 더욱 주의 깊게 돌볼 수 있는 방법을 지시하며, 모든 경우에 자신을 남김없이 열어 보일 수 있는 선별된 모임에 참여할 것.113)

이 모임의 구성원은 칭의를 받고 내적으로나 외적으로나 성경의 뚜렷한 진전을 보인 자들로 이루어진 모임이다. 이들은 속회나 반회에서 얻은 것으로 만족하지 못하여 보다 깊고 완전한 친교를 요구하는 자들이었다.

웨슬리는 이들을 매주 월요일 저녁에 모이게 하였다.114) 그리고 이 선발신도회 규칙에 대하여 말하기를 그들은 모두 마음속에 가장 값진 규칙을 지니고 있기 때문에 다른 잡다한 규칙은 필요 없다고 하였다. 그래서 웨슬리는 연합신도회의 규칙과 같으나 이 밖에 다음의 세 개의 조항만을 첨가하였다.

1. 신도회에서 거론된 것은 다시 발설하지 말 것이며 비록 회원

---

112) 「총서」, 제8권, p.260.
113) Works, Ⅴ, p.184.
114) 노종해, 「한국 감리교회의 성격과 민족」, p.131.

에게라도 말아야 한다.

2. 각 회원은 모든 정당한 일에는 담임 목사에게 절대 복종해야 한다.

3. 각 회원은 주 1회씩 성심성의껏 우리의 공동금고에 헌금을 하여 앞으로 공공유익을 위한 일에 쓰도록 한다.[115]

이 모임의 특징은 누구나 자유로이 말할 수 있으며 회원은 모두 평등하다. 웨슬리는 이러한 모임을 통하여 전통적인 입장에 굳게 서서 좌우로 탈선되지 않도록 하였다. 그는 이 모임의 회원들을 적어도 세 달에 한 번씩은 면담하여 그들이 믿음 안에서 성장함을 알고자 하였다. 선발신도회는 그 자신의 체험에 의해서 만들어진 질문에 근거하여 신앙고백적 모임이 되어 신도회의 중요한 기둥이 되었다. 이러한 모임에서 물은 질문, 당신의 죄를 용서받았는가, 당신은 주 예수 그리스도를 통하여 하나님과 평화를 누리는가, 당신은 당신의 영혼에 하나님의 영의 증거를 가졌는가, 즉, 하나님의 자녀인가, 하나님의 사랑이 당신의 마음에 채워졌는가, 당신의 죄를 공개적으로 말할 수 있는가 등이었다. 이에 대하여 진실하고도 신중한 고백과 대화를 하였고 서로 기도하였다.[116]

이상으로 선발신도회는 내적 신앙을 기준하여 조직하였음을 알 수 있다. 사실 웨슬리는 이 모임을 통하여 물건을 서로 통용하고 제 것이라고 주장하는 이가 없었던 초대교회의 이상을 실현하고자 하였다. 오늘날 교회조직이 다분히 외적 조건을 기준으로 구분한 것에 대하여 깊은 반성과 새로운 측면의 목회훈련 조직을 개발함이 시급하다 하겠다.

---

115) 「총서」, 제8권, pp.260 - 261.
116) 노종해, 「한국 감리교회의 성격과 민족」, p.132.

5. 참회자반(Penitents)

웨슬리는 이 모임을 정의하기를 "믿다가 무슨 일로나 낙심했던 사람들이 따로 모이는데 그 모임을 참회자반"[117]이라고 하였다. 그러므로 참회자반은 한마디로 신앙의 파산자들의 모임이다. 처음에 구원을 갈망하여 신도회에 참여하였으나 그중에는 더러 낙심하고 낙오자가 되기도 하였다. 이처럼 웨슬리는 신도회 안에서 고의로 죄지은 자, 자기도 모르게 경박해지고, 게을러지고, 나태해진 자들이 생기자 이들의 영적 성장을 위하여 참회자반을 조직하여 목회훈련을 시켰다. 이들은 매주 일요일 저녁마다 모여서 다시 신앙생활을 하도록 독려받았다.[118]

6. 연 회

신도회가 조직된 지 5년 후인 1744년에 웨슬리는 런던 파운드리에서 그의 보좌 목사 4명, 평신도 사역자 4명, 웨슬리와 찰스 웨슬리 도합 10명이 모여서 제1회 연회를 조직하였다. 이것은 웨슬리의 목회 사역 전체를 움직이고, 목회훈련을 시키는 최고의 의결기관이 되었다. 이 연회의 의제는 다음과 같다.

1. 신도들에게 무엇을 가르칠 것인가?
2. 어떻게 가르칠 것인가?
3. 교리와 장정을 제정하고 실행하는 문제, 어떻게 훈련하며, 또

---

117) 「총서」, 제8권, p.260.
118) Works, Ⅳ, p.260.

실행할까 하는 문제였다.[119)

웨슬리는 연회에서 목회훈련의 제반사역과 신도들과 기타 지도자들의 실행 문제들을 논의하였다. 특별히 평신도 지도자들이 그들에게 맡겨진 일들을 위하여 효과적으로 수행할 수 있게 하기 위하여 소속된 단체의 임무와 그 단체의 지도자들의 생활 등에 대해서 자세한 지침들을 주었다. 그리고 1763년 고시문(Model Deed)을 발표하여 "연회에서 임명받은 교역자들은 자신이 발행한 4권의 표준 설교문과 신약성서 주해에 포함된 도리 외에 다른 것은 설교하지 않는다는 조건 속에서만 메소디스트의 예배서를 쓸 수 있다."[120)고 규정함으로써 교회의 지도자들로 하여금 그가 생각하고 지켜온 교리와 목회훈련에서 탈선하지 못하도록 하였다. 웨슬리의 이러한 조직적 사역은 목회훈련 사역을 효과적으로 만들었다.

B. 목회훈련의 내용

웨슬리의 목회훈련의 내용으로 하나님 말씀(성경, 설교)과 성례전(세례, 성만찬)을 들 수 있겠다. 그는 철저하게 성경의 사람이었다. 캐스토(Robert Michael Casto)가 그의 박사 논문에서 지적하였듯이 성경은 웨슬리의 생애에서 중심을 차지하고 있는 책이다. 웨

---

119) 「총서」, 제8권, p.251.
120) 「총서」, 제2권, p.9.

슬리는 성경을 근면하게 읽었다. 그는 매일같이 성경을 원어로 몇 시간씩 읽으면서 진지하게 연구했으며, 진실로 성경에 능통하였다.[121]

또한 그는 설교로 일생을 살았으니 매일 2, 3회씩 설교하였으며, 주당 15회씩 평균해서 42,400회의 설교를 하였고, 하나님께 부름받기 1주 전까지 설교를 하였다. 웨슬리의 설교는 성경 말씀에 그대로 근거를 두고 있었다. 그는 1746년에 출판한 설교집 서문에서 말하기를 "나는 구원받는 방법에 관하여 성경에서 발견한 것을 이 설교들에서 설명하였다."[122]라고 하였으니 그에게 성경은 설교의 기초요, 설교의 내용이었다.

나아가 그는 성례전을 대단히 중요하게 여겼으니 은혜의 수단 8가지 중 성례전을 제일 중요시하였다. 그러나 웨슬리는 세례가 구원에 필수적이라고 보지는 않았다. 웨슬리는 세례가 구원에 필수적이 아님을 다음과 같이 1750년 길버트 보이스(Gilbert Boyce)에게 편지를 하였다.

그대는 세례의 형식이 구원에 '필수적'이라고 생각한다. 나는 세례 자체가 그렇다는 것을 부정한다. 만일 그렇다면, 퀘이커 교도는 저주의 대상이 될 수밖에 없다. 그러나 나는 이것을 믿을 수 없다. 나는 그리스도 안에 있는 믿음 이외에 구원에 필수적인 것 (엄격히 말하면)은 없다고 주장한다.[123]

나아가 웨슬리는 성만찬을 가장 중요한 은혜의 방법으로 여겼다. 그 이유는 그가 이끄는 페터레인회에 이른바 정적주의자들의

---

121) 조종남, op. cit., 60.
122) Sermons, Ⅰ, p.32.
123) Letters, Ⅲ, p.36.

'은혜의 방법 무용론' 때문이었다. 그들은 다만 믿음으로 말미암아 의를 얻기 때문에 무슨 인간적인 방법을 쓸 필요가 없고, 다만 고요히 그의 은혜를 믿음으로 기다리는 것으로 족하다고 주장하였다. 여기에 대하여 웨슬리는 하나님께서는 교회 내에 설정된 은혜의 방법을 통하여 그 은혜를 베풂으로써 구원을 얻게 하신다고 역설하였다.[124]

1. 하나님 말씀

a. 성 경

웨슬리는 성경을 최고의 권위로 인정하였다. 1739년 6월 11일 한 절친한 친구에게 다음과 같이 편지를 썼다.

> 나는 신앙에 있어서나 실생활에 있어서 성경 이외의 다른 법칙은 하나도 용납하지를 않습니다. 그러나 성경적인 원칙에서 내가 무엇을 하든지 그것을 정당화하는 것이 어렵다고 생각되지는 않습니다. 성경에서 하나님은 나에게 명령을 하시어 나의 능력에 따라 무지한 사람들을 가르치고 악한 사람들을 변화시키고 착한 사람들을 더욱더 착하게 만들라고 하십니다.[125]

이것은 성경이 웨슬리에게 신앙과 실생활의 기준임을 말해 주고 있는 것이다. 메소디스트의 특징이라는 글에서 "우리는 하나님의

---

124) 콜린 윌리암즈, op. cit., p.169.
125) 「총서」, 제7권, p.94. 1739년 6월 11일 일기.

기록된 말씀이 그리스도인의 신앙과 실천에 유일하고도 충분한 법칙임을 믿는다. 우리는 여기서 가톨릭교회의 신자들과 구별된다."126) 라고 하였다. 또한 1766년 6월 5일 일기에서 다음과 같이 썼다.

> 나의 기반은 성경이다. 나는 성경 고집쟁이다. 나는 크거나 작거나 간에 모든 일에 있어서 성경을 따른다.(My ground is the Bible. Yes, I am a Bible－bigot, I follow it in all things, both great and small) …… 성경의 가르침에 반대되는 것은 그 어떠한 것도 하나님의 목적에 배반된다. 그러므로 반드시 반대한다.127)

이와 같은 것을 통하여 그가 철두철미하게 성경 중심의 사람임을 알 수 있다. 웨슬리에게 있어서 성경이 그리스도인의 신앙과 실천에 유일한 법칙이요, 원리인고로 그것은 은혜의 수단이 되며,128) 따라서 하나님의 은혜를 바라는 자는 누구나 성경을 탐구해야 그 은혜에 이를 수 있다고 하였다.

웨슬리는 성경을 근면하게 읽었다. 그는 매일같이 성경을 원어로 몇 시간씩 진지하게 읽었다. 그에게 성경을 읽는 것은 분명한 목적이 있었다. 그는 그의 설교집 서문에서 다음과 같이 성경 읽는 목적을 썼다.

---

126) Works, Ⅷ, p.340.
127) Works, Ⅴ, p.251.
128) 「총서」, 제1권, p.189. 웨슬리는 은혜를 받는 수단으로 ① 기도 ② 성서탐구 ③ 성만찬 참여를 들었고; 조종남, op. cit., p.181에서 은혜의 수단으로 8가지를 들었다.(성만찬, 세례, 기도, 성서탐구, 금식, 애찬, 찬송, 예배)

여기에 나는 일들로부터 떠나 홀로 앉아 있다. 오직 하나님만 여기 계실 뿐이다. 그분 옆에서 나는 성경을 펼친다. 나는 그분의 책을 읽는다. 천국에 가는 길을 발견하려는 목적으로 읽는다.[129]

또한 그는 구약성서 주석의 서문에서도 독자들에게 다음과 같이 성경 읽는 목적에 대하여 권고하였다.

그들이 성경을 읽되 '오직 너희를 부르신 거룩한 자처럼 너희도 모든 행실에 거룩한 자가 되라.'고 말씀하신 것같이 외적으로 그렇게 되기를 원하는 마음으로 읽기를 원한다면, 매일 일정한 시간을 아침저녁으로 성경을 읽는 목적으로 내어 놓으라.[130]

이와 같이 웨슬리에게 있어서 성경 읽는 것은 하나님의 모든 뜻을 알기 위함이었다. 그렇다고 웨슬리가 오로지 성경만을 읽는 것은 아니었다. 웨슬리는 성경 이외에도 많은 책을 읽었다. 그는 1725년부터 1734년 사이의 옥스퍼드 시절에 400여 권의 책을 읽었다. 그린(V. H. H. Gveen)은 웨슬리가 그 시절의 자기 일기에다가 그가 읽었다고 언급한 책들을 종류별로 열거하였는데, 희랍과 로마의 고전을 비롯하여 종교, 문학, 철학, 연극 등 그 책의 종류와 범위는 매우 다양하였다.[131] 웨슬리는 옥스퍼드 대학 생활 이후에도 계속해서 많은 책을 읽었다. 이에 대하여 웨슬리는 1778년 9월 1일 일기에다 다음과 같이 썼다.

---

129) Sermons, I, p.32.
130) John Wesley, Explanatory Notes Upon the Old Testament, 4 Vols (Ohio: Schmul Pub, 1975), I, ix.
131) V. H. H. Green, The Young Mr. Wesley: A Study of John Wesley and Oxford (Wyvern Book, 1963), pp.289－302. quoted in. 조종남, op. cit., p.61.

아마도 나는 전보다 5, 6백 권의 책을 더 읽었을지 모른다. 또한 옛날보다 역사나 자연 철학에 대해 좀 더 알고 있다고 할 수 있으나 이런 것으로 신성을 아는 지식에 보탬이 되었다고 할 수 없다. 40년 전에도 나는 지금 설교하고 있는 기독교의 교리를 알았고 설교하였다.[132]

이와 같이 웨슬리 자신의 일기를 통하여 볼 때 그가 결코 편협하지 않았다는 것을 알 수 있다. 사실 그는 고전으로부터 당대의 저서까지 두루 섭렵하였다. 그럼에도 불구하고 웨슬리는 '한 책의 사람'(Homo Unius Libri)이 되길 원했다. 그는 기독자의 완전에서 (1777년) "이것은 1730년 6월부터 자신이 줄곧 추구해 온 목표"[133]라고 하였다. 한 책의 사람이라는 용어는 웨슬리에게 친숙한 것이었다.[134] 그는 그의 설교집에서 자신이 얼마나 한 책의 사람이 되길 원했는가를 다음과 같이 피력하였다.

나는 한 가지 사실 곧 하늘로 가는 길을 알고 싶다. …… 나를 한 책의 사람이 되게 하라. …… 마음의 문을 연 후에 나는 성경의 근사한 구절을 찾아 비교 연구한다. 그리고 그 구절에 대하여 온갖 정신과 열정을 집중하여 명상한다. 그래도 여전히 의심이 가시지 않으면 나는 하나님의 사업에 경험이 있는 자들과 상의하고 또한 독서를 한다. 나는 이런 과정에서 배운 것을 가르친다.[135]

진실로 웨슬리는 한 책의 사람이었다. 이것은 웨슬리의 목회훈련의 기본 텍스트가 되었다. 후에 평신도 보조자에게 목회훈련을

---

132) 「총서」, 제8권, p.180. Works, Ⅵ, p.209.
133) Works, , p.373.
134) Letters, Ⅳ, p.299.
135) Sermons, Ⅰ, pp.31 – 32.

시킬 때 그는 "신도 도서"(Christian Library)[136]라고 목록을 제시하였다. 이처럼 웨슬리는 "하늘로 가는 길을 가르쳐 주는 천국의 안내서요", "모든 계시의 시금석"[137]인 성경을 철저히 탐구하였고, 성경을 신앙과 실천 생활의 유일한 규칙과 충분한 규칙[138]으로 삼아 목회훈련의 기본 텍스트로 삼았다.

b. 설 교

웨슬리는 설교를 통하여 목회를 시작하였다. 그의 목회 중에서 설교가 제일 큰 비중을 차지하고 있다. 그의 일기를 보면 자신은 설교로 산다고 하였다. "점심때 우드씨츠(Woodseats)에서 설교하였다. 저녁에는 셰피일드에서 나는 진정 설교로 살아간다!"[139] 무엇보다도 웨슬리의 설교는 성령의 감화에 힘입어 있었고, 1738년 5월 24일 올더스케이트 집회에서 강한 체험을 했고, 1739년 1월 1일 페터레인 집회에서 능력을 받은 후부터 그의 설교에 능력이 나타나기 시작했다.[140]

그러면 그의 설교의 목적은 무엇이며 그 성격은 어떤 것인가? 그는 그의 설교집 서문에서 설교의 목적을 피력하였다.

나는 하늘로 가는 길에 관하여 성경에서 발견된 사실을 다음의

---

136) 웨슬리는 자신이 읽은 책들의 내용을 간추려서1749년부터 1755년 사이에 "50권"으로 신도 도서를 출간하여 신자들로 하여금 읽게 하였다.
137) Letters, Ⅱ, p.117.
138) 노종해, 「한국 감리교회의 성격과 민족」, p.119.
139) 「총서」, 제8권, p.23.
140) 「총서」, 제4권(존 웨슬레의 생애), p.49.

설교들 속에 기술하면서 하나님의 길과 인간이 발명한 것들을 구별하였다. 나는 진실하고 성서적이고 경험적인 종교를 서술하되, 그것의 본질적인 것을 빠뜨리지 않는 동시에 비본질적인 것을 첨가하지 않으려고 노력하였다.[141]

즉 그에게 있어서 설교의 목적은 하늘로 가는 길을 전달하기 위함이었다. 그러므로 웨슬리의 설교는 믿음으로 말미암아 그리스도인이 되게 하였고, 그들이 계속하여 성장하고 믿음을 유지함으로 하늘나라에 넉넉히 들어가게 함이었다.

웨슬리는 전도열에 불타는 설교자였다. '만일 내가 복음을 전하지 아니하면 내게 화가 있을 것임이로다(고전 9:16).'라는 바울과 같은 심정으로 복음을 전하였다. 그는 이러한 사명감과 구령의 열정 때문에 그는 임종할 때까지 전심전력을 다해서 영국을 순회하며 복음을 설교하였다. 웨슬리는 "내가 어떻게 하여야 구원을 얻겠습니까?"라고 몰려드는 군중에게 지혜와 의와 구원이 되시는 그리스도[142]를 증거해 주었다. 웨슬리는 복음을 전파하면서 바울과 그 전도 일행이 당했던 수많은 환란과 핍박과 어려움들을 겪었다. 그럼에도 불구하고 그는 구령사업의 고삐를 늦추지 아니하고 전도마차를 몰아 산을 넘고 강을 건너 목마르고 굶주린 영혼들에게 달려갔다. 그가 수많은 환난과 고초 속에서도 얼마나 뜨거운 구령의 열정을 가지고 복음을 전파했는지는 그의 삶 전체가 증거가 될 것이다.

영국 국교회 내에서 웨슬리에게 설교 행위를 금지시켰을 때 그는 영혼을 구원하는 일에는 특정 지역이 있을 수 없다는 세계 선

---

141) Sermons, Ⅰ, p.32.(서론)
142) 「총서」, 제7권, p.98. 일기 1739년 7월 17일, 10월 7일.

교를 향한 비전을 가지고 옥외설교를 감행하였다. 이때 그는 '전 세계는 나의 교구다'라는 유명한 말을 남겼다.

만약 내가 어떤 원칙에서 행동을 하느냐고 물으신다면, 원칙은 이 것입니다. '크리스천이 되고자 하는 욕망과 그렇게 되는 데 도움 이 되는 것이라고 판단되는 것은 무엇이라도 해야 한다는 확신이 있으며 이 목적을 달성하는 데 필요하다면 어디라도 가야 한다고 판단될 때 그곳에 가야 한다는 확신입니다.' 이 원칙에서 나는 미 국에도 갔었고, 이 원칙에서 모라비아 교회를 방문하기도 하였고, 이제도 같은 원칙에서 아바시니아(에티오피아)나 중국 같은 곳 어 디라도 하나님께서 기뻐하신다면 어디든지 부르시는 대로 갈 준 비가 되어 있으며 이것이 바로 나의 확신입니다. …… 사람은 내 가 다른 사람의 교구에서 이와 같은 일을 하지 못하게 금하고 있 습니다. 다시 말하면 결과적으로 내가 현재 교구를 가지고 있지 않을뿐더러 앞으로도 계속해서 교구를 갖지 않을 것으로 알고 내 가 그런 일을 전혀 하지 못하도록 금하고 있습니다. 그렇다면, 내 가 누구의 말을 들어야 하겠습니까? 사람입니까? 나는 온 세계를 나의 교구로 생각합니다. 이 말의 의미는, 내가 세계 어느 곳에 가서 있을지라도 구원의 기쁜 소식을 기꺼이 들으려는 모든 사람 들에게 선포하는 일이 온당하고 정당하며 나에게 허락된 의무라 고 생각한다는 말입니다. 이 일이야말로 하나님께서 나를 부르셔 서 내게 맡기신 일이라는 것을 나는 압니다. 그러므로 나는 하나 님께서 나에게 맡기신 일을 이루는 일에 충성을 할 수 있는 커다 란 용기를 계속 얻게 됩니다. 나는 하나님의 종입니다. 그러므로 나는 하나님의 말씀이 명백히 지시하시는 대로 종으로서 일할 따 름입니다. '기회를 얻는 대로 모든 사람에게 선을 행할 뿐'입니다. 하나님의 섭리는 명백하게 하나님의 말씀과 일치합니다. 나로 하 여금 다른 모든 일에서 손을 떼게 하시고 이 한 가지 일 곧 '두루 다니며 선을 행하는 일'에만 전념하도록 만드셨습니다.[143]

사실 웨슬리는 옥외설교에 대하여 탐탁하게 여기지 않았었다. 그는 좋은 시설과 분위기 속에서 설교하기를 원했다. 그러나 교회에서 강단을 내어 주지 않기 때문에 부득이 옥외설교를 하게 되었던 것이다. 그에게 옥외설교의 동기를 부여한 사람은 화이트필드였다.[144]

웨슬리는 처음에 이렇게 옥외에서 설교를 하는 것이 이상해서 도대체 적응하기가 어려웠다. 나아가 그는 교회 밖에서 하는 것은 거의 죄가 되는 것으로 생각하였다.[145] 이와 같이 생각했던 웨슬리가 처음으로 옥외설교를 실시하였다. 물론 그는 기쁜 마음으로 옥외설교를 했던 것은 아니었다.

오후 4시에 나는 어쩔 수 없이 기분은 더욱 언짢았으나 노상에서 구원의 기쁜 소식을 선포하였다. 이때 나는 그 도시에 인접한 작은 언덕 위에 서서 약 삼천 명이나 되는 사람들에게 설교를 하였다.[146]

그런데 이렇게 시작한 옥외설교였지만, 산상수훈을 가르치실 때 주님께서 옥외설교를 하셨고 많은 복음의 증인들이 옥외설교를 실시한 증거를 성경에서 발견하고 난 후부터는 설교를 요청하는 곳이면 어디든지 사양하지 않고 찾아가서 복음을 전하였다. 그 후 1772년 9월 6일 일기에는 옥외설교에 대하여 "오늘에 와서 옥외설교가 내 십자가가 되었다. 그러나 나는 내 임무를 알고 있으며

---

143) 「총서」, 제7권, pp.93 - 94.
144) Whitefield는 1739년 3월 Bristol에서 웨슬리에게 강력한 요청을 보냈고, 웨슬리는 마지못하여 옥외설교를 시작하였다.
145) 「총서」, 제7권, p.86.; Works, Ⅰ, p.185. 1739년 3월 29일 일기.
146) Ibid. 1739년 4월 2일 일기.

모든 피조물에게 복음을 전하는 다른 방법은 발견하지 못하였다."147) 라고 하였다. 비록 웨슬리에게 옥외설교가 십자가요, 짐이었으나 하나님의 기뻐하시는 일이요, 구원을 갈망하는 소리라고 생각할 때 그 일을 계속할 수 있는 신앙적인 열정이 생겼다. 후에 1782년 6월 26일 일기에서 그는 옥외설교를 "하나님의 축복"148)이라고 하였다.

웨슬리는 1747년 6월 15일에서 18일까지 열렸던 제4회 연회 마지막 날 "우리는 옥외설교에 너무 중점을 두지 않는가?"라는 질문에 대하여 네 가지로 의견을 피력하였다.

① 왜냐하면 우리의 사명은 잃은 자를 찾아 구원함이다. 우리는 하나님을 떠난 방황자들이 우리를 찾아오기를 기대할 수 없다. 그 대신 우리가 그들을 찾아가야 한다.

② 우리는 특별히 큰길이나 울타리 밖에 나가 억지로라도 그들을 들어오도록 해야 한다.(눅 14:23) 우리가 안 하면 다른 사람은 그렇게 할 사람이 없다.

③ 이 방법의 반대 의견은 온당치 않다. 즉 그 집(교회당)은 오는 사람 모두를 다 수용할 수 있다고 한다. 그것은 사실이다. 그 집은 그 집에 오는 사람을 다 수용할 수 있다. 그러나 그 집이 야외에 모이는 사람을 다 수용할 수는 없을 것이다.

④ 그뿐 아니라, 다른 방법보다 이 옥외설교로 더 큰 은혜가 임하였다.149)

웨슬리는 교회에 와 보지도 못한 사람들을 찾아가 설교를 하였고, 광산, 부두, 탄광, 창녀촌 등 교회의 장벽이 높아 교회를 찾아

---

147) 「총서」, 제8권, p.144. 1772년 9월 6일 일기.
148) Ibid., p.199. 1782년 6월 26일 일기.
149) Ibid., pp.295-296. 제4회 연회록.

오지 못하는 자들을 찾아가 설교했다. 이것은 '찾아가는 자세'로서의 적극적인 목회의 자세로 웨슬리는 순회 옥외설교에서 보여 주었다.

웨슬리는 오전 4시에 기상하고 5시에 첫 설교를 하는 등 시간을 지켰으며 또한 그의 순회 설교자들을 위하여 엄격한 규율을 세웠는데, 이에 의하면 아침 5시 전에 일어나서 6시부터 12시까지의 독서와 기도를 하고, 정오부터 하오 5시까지는 심방을 하고, 5시부터 6시까지는 하나님께 은밀히 기도를 하게 했으며, 하루에 적어도 두 번 전도하게 하였다. 하루 24시간 중 5시간은 반드시 독서와 성경공부를 하여야 했으며, 설교는 간단하게 하고, 예배는 한 시간 안에 마치도록 하여야 하였다.[150] 웨슬리에게 있어서 설교가 얼마나 중요했으면 그는 사역을 설교와 관련지어 구분하였다. 그것을 살펴보면 다음과 같다.

① 제1기: 1725년부터 1729년까지

나는 설교를 많이 하였다. 그러나 수고에 대한 열매를 거의 못 얻었다. 노력에 비하여 그럴 수가 없는 실패였다. 그 이유인즉, 나는 내 설교를 듣는 사람들이 이미 신자인 줄 알고 그들은 회개가 필요하지 않은 줄로 생각하여 '회개하고 복음을 믿으라.'는 말씀에 중심을 둔 설교를 하지 않았기 때문이다.

② 제2기: 1729년부터 1734년까지

나는 회개에 깊은 기초를 두고 설교를 하였다. 그랬더니 그 역사에 조금씩 결과가 나타났다. 그러나 극히 작은 열매였다. 지금 생각해 보면 이상할 것이 없는 일이나. 왜냐하면 나는 그리스도의 보혈과 믿음에 대한 설교를 하지 않은 까닭이다.

---

150) Ibid., pp.281 - 282.

③ 제3기: 1734년부터 1738년까지

나는 그리스도에 대한 믿음을 좀 더 많이 언급하면서 보다 열심히 설교하고 심방을 하곤 하였다. 그랬더니 그만큼 더 많은 열매를 거두게 되었다.

④ 제4기: 1738년 이후

나는 계속적으로 예수 그리스도에 대해 설교하였다. 결국 모든 설교는 처음부터 마지막까지 그리스도가 주춧돌이 되었다. 그 내용은 하나님의 나라가 가까이 왔으니 회개하고 복음을 믿으라는 것이었다. 그랬더니 하나님의 말씀은 덤불 속의 불처럼 역사하였다. 군중들은 "내가 구원받기 위하여 어떻게 하여야 합니까?"라고 외치는 것이었다. 그리고 나서는 나중에 모두가 은혜로 인하여 믿음으로 말미암아 구원을 받는다고 증거하는 것이었다.[151]

웨슬리의 설교를 향한 열정은 그의 생애 마지막까지 계속되었다. 그는 1791년 3월 2일 런던 시크로드 교회당 자택에서 88세로 서거하기 바로 일주일 전까지 1791년 2월 23일 레더헤드 시장 저택에서 설교하였다.[152] 그는 일생 동안 매년 5천여 마일 이상을 순회 여행을 하였으며, 매년 평균 800여 회, 매일 2, 3회씩 설교를 하였다. 영혼 구원을 위한 그의 열정은 그로 하여금 아침과 낮, 그리고 저녁 훨씬 늦은 밤중까지 쉼 없이 충성을 다하도록 하였다. 그에게 있어서 설교는 목회훈련의 중요한 내용이었다.

---

151) Works, Ⅷ, pp.468 – 469.
152) 「총서」, 제4권(존 웨슬레의 생애), p.110.

2. 성례전

웨슬리는 당시 모라비안 파의 정숙주의(Quietism)를 경계하면서 은혜의 수단을 강조하였다. 웨슬리에 의하면 은혜의 수단은 8가지 인데 그중에서도 세례와 성만찬은 은혜의 수단에서 제일 중요한 수단이다. 물론 하나님께서는 은혜의 수단에 제약된 분이 아니시다. 그러나 하나님께서는 은혜의 수단을 통하여 은혜 주시기를 즐겨하신다고 웨슬리는 생각하였다.[153] 그에게 있어서 세례와 성만찬은 목회훈련의 중요한 내용이었다.

a. 세 례

웨슬리는 '세례에 대하여'(A treatise on Baptism)라는 그의 논문에서 기독교의 세례에는 세 가지[154]가 중요하다고 보았다. 나아가 그는 세례를 다음과 같이 정의하였다.

세례란 무엇인가? 그것은 우리로 하여금 하나님과의 계약 속으로 들어가게 하는 입회 성례전이다. 그것은 그리스도께서 설치하셨다. 그리스도께서만이 모든 그리스도인에게 영구적으로 의무를 지워 주는 본래의 성례전 즉 은혜의 표시와 인장과 담보와 수단을 설치하실 권세가 있다. 우리는 그것이 설치된 정확한 시기를 알지 못한다. 그러나 우리는 주께서 승천하시기 오래전에 그것이 있었음을 알고 있다. 그리고 그것은 할례 대신에 설치된 것이다. 즉 할례가 하나님의 계약의 표시와 인장이었듯이 세례도 그러하다.[155]

---

153) 조종남, op. cit., p.181.
154) ① 감독의 집전 ② 물의 사용 ③ 성삼위의 이름으로 집전
「총서」, 제9권, p.61.

웨슬리에 있어서 세례란 입회 성례전으로 하나님의 계약 속으로 들어가게 하는 것이다. 그러므로 목회훈련의 중요한 내용이었다. 그는 세례의 유익에 대해서도 그의 논문에서 5가지로 말하였다.

① 그리스도의 죽음의 공로를 적용하여 본래의 죄(Original Sins) 의 죄책을 씻어 버림.

② 세례를 받음으로 우리는 하나님과의 계약 관계에 들어가고 그분이 영원히 명하신 영원한 계약 속으로 들어간다. 이 계약은 새로운 계약이며 영적 이스라엘에게 약속하신 것이다.

③ 우리는 교회에 입교하게 되고 결과적으로 교회의 머리 되시는 그리스도의 지체가 된다.

④ 본질상 진노의 자녀였던 우리가 하나님의 자녀가 된다.

⑤ 하나님의 자녀가 된 결과로 우리는 하늘나라의 시민이 된다.[156]

웨슬리는 세례에 대하여 말하기를 "세례 안에서 우리는 믿음을 통하여 그리스도와 접붙임을 받으며(Imgrafted in to), 성령을 통하여 이 새로운 뿌리에서부터 새로운 영적인 삶을 살게 된다. 성령은 우리를 그분과 같은 모습으로, 특히 그분의 죽음과 부활을 닮아 가게 하신다."[157]라고 하였다. 웨슬리에게 있어서 세례는 우리가 그리스도와 연합함(롬 6:23)을 나타내며, 죄사함(행 2:38)과 양심의 정결(히 10:22)을 가져다주는 것을 의미한다. 또한 그는 세례의 지속에 대해서도 그의 논문에서 다음과 같이 말하였다.

예수 그리스도께서는 세례가 그의 교회에 항상 남아 있기를 원하

---

155) 「총서」, 제9권, p.62.
156) Ibid., pp.64 - 66.
157) R. W. Burter, R. E. Chiles, p.254. ; 「총서」, 제5권, p.408.

셨다. 세례는 교회가 있는 만큼 오래 지속되도록 의도되어 있다. 세례는 유대교에서 할례가 하나님의 영원한 계약의 백성이라는 인증이듯이 분명한 유추에 의해 세례도 바로 복음의 계약이 인정되는 한 모든 그리스도인들에게 계속될 수밖에 없는 것이다. 교회가 지속되는 한 영구적일 수밖에 없는 것이다. 이것은 우리 주님께서 제자들에게 부여하신 지상 과제이기 때문이다.[158]

웨슬리는 세례가 영구적이어야 하는 것으로 보았다. 나아가 그는 세례의 방식에 대하여 침례(Immersion)와 물 뿌림(Sprinkle), 그리고 물 부음(Pouring)의 형태가 있으나 이와 같은 세 가지 방법은 교회마다 다르게 사용되고 있으며 그 어느 방식도 이것만이 성서적이라고 하는 절대적인 주장을 할 수 없다고 하였다. 왜냐하면 어느 특정한 방식으로 성경에 분명하게 나타나 있지 않기 때문이다.[159]

이상의 내용을 요약하면 웨슬리는 세례를 입회 성례전이요, 하나님의 계약 속으로 들어가는 것으로 정의하였고, 그 세례에는 성경적인 유익이 내재해 있는 것으로 보았으니, 세례가 영구적으로 존재해야 하고, 그 방법에 대하여는 성경에 어느 특정한 방법이 제시되어 있지 않은 것으로 보았다. 이 세례가 목회훈련의 내용이었다.

---

158) 「총서」, 제9권, p.67.
159) Ibid., pp.62 – 64.

b. 성만찬

웨슬리는 성만찬을 은혜의 수단으로 이해하였다.[160] 그는 성만찬
은 수찬자에게 선행적 은총, 의롭게 하는 은총, 그리고 성결케 하는
은총을 전달한다고 보았다. 성만찬은 신앙을 견고케 하는 예전이며
회심을 재촉하는 예전이었다. 그래서 그는 성만찬을 회심케 하는
의식(Converting ordinance)이라고 하였다.[161]

성만찬은 하나님의 사랑의 행동 표시이며, 가장 중요한 은혜의
방법으로서 성령의 은사는 성만찬을 통하여 신자의 마음속에 내려
온다. 웨슬리는 성만찬을 그리스도의 대속적 죽음의 표적(Sign)과
인증(Seal),[162] 현재 은혜의 표적과 인증,[163] 천국의 보증과 인
증,[164] 그리고 성도의 교제의 인증으로 보았다.[165]

웨슬리의 성찬 교리는 실질 존중설(Vitualism)로서 쯔빙글리의
견해에도 반대하며 화체설이나 공재설도 아니다. 그는 빵과 포도
주는 변하지 않고 그대로 있으나 그것을 통하여 그리스도의 은혜

---

160) 웨슬리의 첫 출판물인 '기도집'(A Collection of Forms of Prayer for)
　　에서 표현되었고, '계속성찬을 받을 의무'(The Duty of Constant Communion
　　Everyday in the Week)에서 구체화되었다. 웨슬리는 성만찬을 은혜
　　의 수단에서 특별한(In particullar) 것으로 주장하였다. Letters, Ⅱ, p.176;
　　Sermons, Ⅰ, p.242; 「총서」, 제9권, pp.79－92.
161) Charles W. Carter, <u>A Contemporary Wesleyan Theology</u>, 2 Vols
　　(Michigan: Francis Asbury Press, 1983), Ⅱ, p.617.
162) Letters, Ⅰ, p.118; Sermons, Ⅰ, p.242. ; Works, Ⅶ, p.148.
163) 성찬 찬송가 166편 중 65편이 현재 은혜에 대한 것이다.
　　「총서」, 제5권, pp.112－113.; Bowmer C. John, <u>The Sacrament of
　　the Lord's Supper in Early Methodism</u> (London: Epworth Press,
　　1961), p.165.
164) Ibid., p.167.
165) Letters, Ⅶ, pp.10－11. ; Letters, Ⅰ, p.229.

가 전달된다고 보았다. 웨슬리는 우리가 할 수 있는 대로 자주 성만찬을 받는 것이 모든 그리스도인의 의무라고 하였는데 그 이유로 다음의 세 가지를 들었다.

① 그리스도의 평이한 명령이기 때문이다.

② 그것을 행하는 유익이 그분에게 순종하여 그것을 하는 모든 사람에게 아주 크기 때문이다.

③ 우리로 하여금 그 죄를 떠날 수 있게 만든다. 나아가 우리의 모든 죄를 용서해 줄 것을 확약한다.166)

웨슬리는 성만찬에 참여하는 자는 그의 믿음의 유무에 관계없이 의식을 통하여 자동적으로(ex opere operato) 은혜를 받는다고 보았는가? 그는 가톨릭에서 말하는 자동적으로 은혜가 임한다는 데에 반대하면서167) 성만찬에서 받을 수 있는 은혜는 합당한 수찬자에게만 전달될 수 있다고 보았다.168) 그러므로 그에게 있어서의 수찬자의 자격 문제는 중요한 문제로 대두된다.

웨슬리의 목회생활을 보면 그가 조지아 주 시절에는 영국 국교회의 고교회주의를 가져서 교회의 권위와 의식을 극히 존중하여 영국교회에서 세례를 받지 않은 사람에게는 성찬과 장례식을 거절했으며, 비국교도 자녀에게는 다시 세례를 주었고, 세례는 반드시 침례로 받아야 할 것을 고집하였다.169) 웨슬리의 이러한 목회 초기의 태도는 그가 합당한 수찬자의 자격을 외적인 조건에 의하

---

166) 「총서」, 제9권, pp.80 - 81.

167) Works, Ⅹ, p.149.

168) Letters, Ⅰ, p.118. 이 편지는 1732년 2월에 쓴 것이다. 여기서 그는 "합당한 수찬자"(Worthy Receivers)란 용어로써 수찬자의 조건을 표시하였다.

169) 「총서」, 제4권(존 웨슬레의 생애), p.38.

여 규정했던 것이다. 그러나 우리는 웨슬리가 후년에는 이러한 태도에 변화를 가져온 것을 볼 수 있는데 볼즈스에게[170] 성경을 거부한 사실에 대해 깊이 반성하였던 사실은 이런 변화를 잘 나타내 주고 있다. 특히 복음적 회심 후인 1738년에서 1740년 동안에 있었던 모라비안과의 논쟁에서 수찬자의 자격에 대하여 많이 언급하였다.

그 당시 모라비안들은 주장하길 성찬을 받을 수 있는 자는 확실한 믿음이 있는 자라고 하였다.[171] 만약 확실한 믿음이 없는 자가 은혜의 수단인 성찬에 참여함은 하나님 앞에서 혐오의 대상이 된다고 하였다.[172] 이에 대하여 웨슬리는 성찬에 참여할 수 있는 자격은 확실한 믿음을 가진 자만이 할 수 있는 것이 아니라 믿음의 종류 또는 한등급(a kind or degree of faith)을 가진 자도 참여할 수 있다고 하였다.

> 믿음에는 정도의 차이가 있다. 그리하여 사람의 속에 있는 모든 것이 새로워지기 전에, 또 확실한 믿음을 소유하고 성령의 영속적인 증거 즉 그리스도가 내 속에 계시다는 확신을 갖기 전에도 어느 정도의 믿음을 가질 수 있다. 따라서 나는 사람이 온전히 의롭

---

170) 웨슬리는 뉴에베너즈에 있는 살즈버거 공동체의 신령한 목사(모라비안 목사) 볼즈스에게 성찬을 거부했었다. 그 이유는 그가 감독에게 안수받은 사제가 아니라는 것이었다. 그는 수년 후에 이 무자비한 처사를 수치스러운 것으로 회고하면서 "어느 누가 그 교회에 대한 열정을 이것보다 더 높이 수행할 수 있었는가?" 그는 이어서 비꼬아 말하기를 "따라서 나 자신의 채찍으로 얻어맞은 이후 나는 얼마나 잘되었는가?"라고 말하였다. 「총서」, 제3권, p.74.

171) Letters, Ⅶ, pp.468－487.

172) Ibid. 모라비안들은 믿음에는 정도의 차이가 없다고 보았고, 믿음에는 오직 확실한 믿음만 있다고 하였다.

다 함을 얻기 전에는 어느 정도의 칭의의 신앙을 가질 수 있다고
믿는다.173)

웨슬리에게 있어서 성만찬에 참여할 수 있는 최소한도의 믿음의
정도는 마귀와 이방인의 예수에 대한 지식과174) 구분되는, 즉 예
수가 죄 많은 인간을 위해 죽으셨다는 사실을 믿는 최소한의 것으
로도 된다. 이러한 믿음이 있는 사람은 성만찬에 참여하는데 특별
한 준비가 없어도175) "신에게 성만찬을 요구할 정도의 정당함이
없고 자신의 죄악성과 무기력을 깨닫고 지옥에 갈 수밖에 없다고
느끼는 자, 주님이 기쁘게 주시는 것을 받으려는 갈망과 죄를 억
제하고 죄 사함을 받고 하나님의 형상 안에서 그의 영혼을 새롭게
하려고 은혜를 갈망하는 자"176)면 된다고 하였다.

이러한 웨슬리의 개방적인 태도는 비국교도(Dissenter)에게도 성
찬을 허용했으며177) 합한 준비를 한 어린이에게도 허용했다.178) 이
는 그가 수찬자의 자격으로 외적인 조건보다도 내적인 조건을 더욱
중시하는 변화를 가졌다. 그러나 웨슬리는 성만찬의 신성을 보존하
기 위하여 최소한의 외적인 의무를 만들었다. 왜냐하면 성찬이 개방
되면 무질서하게 될 염려가 있었기 때문이다.179) 이러한 문제가

---

173) Letters, I, p.280.
174) Sermons, I, pp.38-39. 웨슬리는 단지 예수님이 누구라는 것을 아
    는 것만이 믿음이 아니라 하였다. 이것은 마귀와 이방인도 가능한
    것이라고 했다.
175) Letters, II, p.138.
176) Ibid.; Works, VII, p.154. 그 당시 영국 교회가 성찬 준비에 많은
    준비 사항을 열거한 것과는 대조적이다.
177) Letters, VII, p.332; Bowmer, op. cit., p.105.
178) Works, III, p.506; Bowmer, op. cit., p.122. 웨슬리는 8살 때 성찬
    을 받았으며, 조지아 시절에도 합당한 준비를 한 어린이에게 허용
    했다. 또한 회심 후에도 킹스우드와 월턴에서 어린이에게 허용했다.

1747년 존 베네트(John Bennet)의 의사록에서 심각하게 다루어졌으니 그 내용은 다음과 같다.

> 문 5 우리는 어떻게 자격 없는 수찬자를 다스릴 것인가?
> 답 1 신도회에 가입할 때 아주 주의 깊게 살펴서 허락함으로써
>   2 매 계절마다 지정한 달에 우리에게 나오는 자에게만 성찬표(Notes)를 발급함으로써[180]

이와 같이 웨슬리는 성만찬의 질서를 유지하기 위하여 최선의 노력을 다하였다. 이상으로 살펴보았지만 그는 성만찬을 은혜의 수단 중에서 특별한 것으로 이해하였고, 그 교리는 실질존중설이었다. 나아가 성도는 계속해서 성찬을 받아야 하는 것이 의무라고 여겼으며, 참여하기 위해서는 믿음의 종류 또는 한 등급을 가진 자도 참여할 수 있다고 하였다. 그가 이러한 개방적 태도를 견지하면서도 성만찬의 신성을 보존하기 위하여 최선의 노력을 경주하였다. 그가 목회 사역을 수행함에 성만찬은 중요한 목회훈련 내용이었다.

지금까지의 내용을 요약하면, 웨슬리의 목회활동으로 인하여 연합신도회, 속회, 반회, 선발신도회, 참회자반, 그리고 연회가 조직되었다. 웨슬리는 신도회를 조직함이 교회나 교단을 만들 목적이 아니었다. 그 목적은 단순히 영혼을 돌보고 격려하며 함께 기도하기 위한 것이었다. 또한 성령의 증거를 통해서 진실한 믿음이 있음을 나타내어 사랑을 실천하며 선교를 돕고 참여하도록 하기 위

---

179) Letters, Ⅲ, p.27. ; Works, Ⅷ, p.149. 웨슬리 당시의 성만찬은 경건하게 지켜졌었다. 그래서 그 당시 영국교회의 성만찬이 불경건하게 지키고 있는 사례를 열거하면서 경건한 면을 강조하였다.
180) Bowmer, op. cit., p.116.

해 모였다.

그는 이 조직이 방대해지자 신앙 훈련 모임인 속회와 개개인의 신앙생활을 독려하는 신앙 고백반인 반회로 나누었다. 또한 반회 회원 중에서도 특히 하나님의 빛 가운데서 산다고 믿는 사람들과 독실한 믿음 아래 순종의 생활을 하는 사람들로 선발신도회를 조직하였고, 믿다가 무슨 일로나 낙심했던 사람들을 참회자반으로 따로 조직하였다.

하워드 스나이더는 이러한 교회조직을 알기 쉽게 보여 주었고(도표 2),[181] 이기춘은 이것을 좀 더 상세하게 보여 주었다(도표3).[182] 신도회를 조직하고 5년 후에는 목회 사역 전체를 움직이고, 목회훈련을 시키는 최고의 의결기관으로 연회를 조직하였다. 웨슬리는 이러한 조직을 통하여 철저한 목회훈련을 실시하였고, 이것이 그의 사역을 성공적으로 이끈 원인이 되었다. 웨슬리보다 먼저 중생의 체험을 하고, 옥외 전도를 하여 큰 부흥 운동을 일으켰던 화이트필드는 "나의 형제 웨슬리는 지혜롭게 일하였다. 그는 전도하여 얻은 사람들을 신도회에 가입시켜 그 활동의 결과를 보전하였다. 그러나 나는 그 방법을 경시하였기 때문에 내가 얻은 신도들은 모래알 같이 흩어졌다."[183]고 하였다.

또한 웨슬리의 목회훈련 내용으로 성경, 설교, 세례, 그리고 성만찬을 살펴보았다. 그에게 있어서 성경은 최고의 권위이며 신앙과 실생활의 기준이었다. 그는 성경을 하늘로 가는 길을 가르쳐 주는 천국의 안내서일 뿐 아니라 모든 계시의 시금석으로 인정하였고, 신앙과 실천 생활의 유일한 규칙과 충분한 규칙으로 목회훈

---

181) H. A. Snyder, op. cit., p.61.
182) 이기춘, op. cit., p.31.
183) 「총서」, 제4권(존 웨슬레의 생애), p.71.

련의 기본 텍스트로 삼았다. 웨슬리의 일생은 설교로 산 인생이었다.

영국교회에서 교구를 허락하지 않았을 때, 그는 '전 세계는 나의 교구이다.'라는 유명한 말을 남겼다. 웨슬리는 옥외설교를 통하여 '찾아가는 자세'를 보여 주었으니, 광산, 부두, 탄광, 창녀촌 등 교회의 장벽이 높아 교회를 찾아오지 못하는 자들을 찾아가 설교하였다.

웨슬리는 세례를 입회 성례전으로 보았고, 그 세례에는 성경적인 유익이 내재해 있는 것으로 보았으니, 세례는 영구적으로 존재해야 하고, 그 방법은 성경에 어느 특정한 방법이 제시되어 있지 않은 것으로 보았다. 중요한 것은 세례가 구원에 필수적인 요소가 아닌 것으로 보았다는 점이다. 성만찬에 있어서 그는 성만찬을 은혜의 수단에서 특별한 것으로 이해하였고, 성찬 참여 조건에 대하여 개방적인 태도를 소유하면서도 성찬의 신성을 보존하기 위하여 최선의 노력을 경주하였다. 그가 목회훈련을 수행함에 있어 하나님의 말씀과 성례전은 내용이 되었다.

지금까지 웨슬리의 목회훈련의 조직과 내용을 살펴보았다. 제IV장에서는 웨슬리의 목회훈련의 방법과 그 실천적 적용에 대하여 살펴보고자 한다.

(도표 2) 웨슬리의 메소디스트인 조직

CHURCH OF ENGLAND(영국교회)

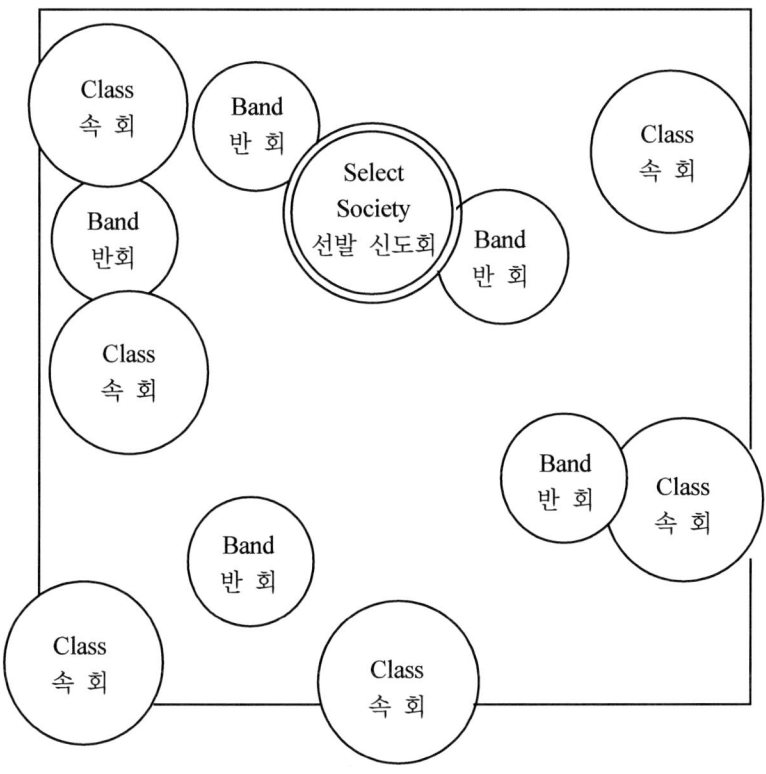

(도표 3) 웨슬리의 교회구조 도표

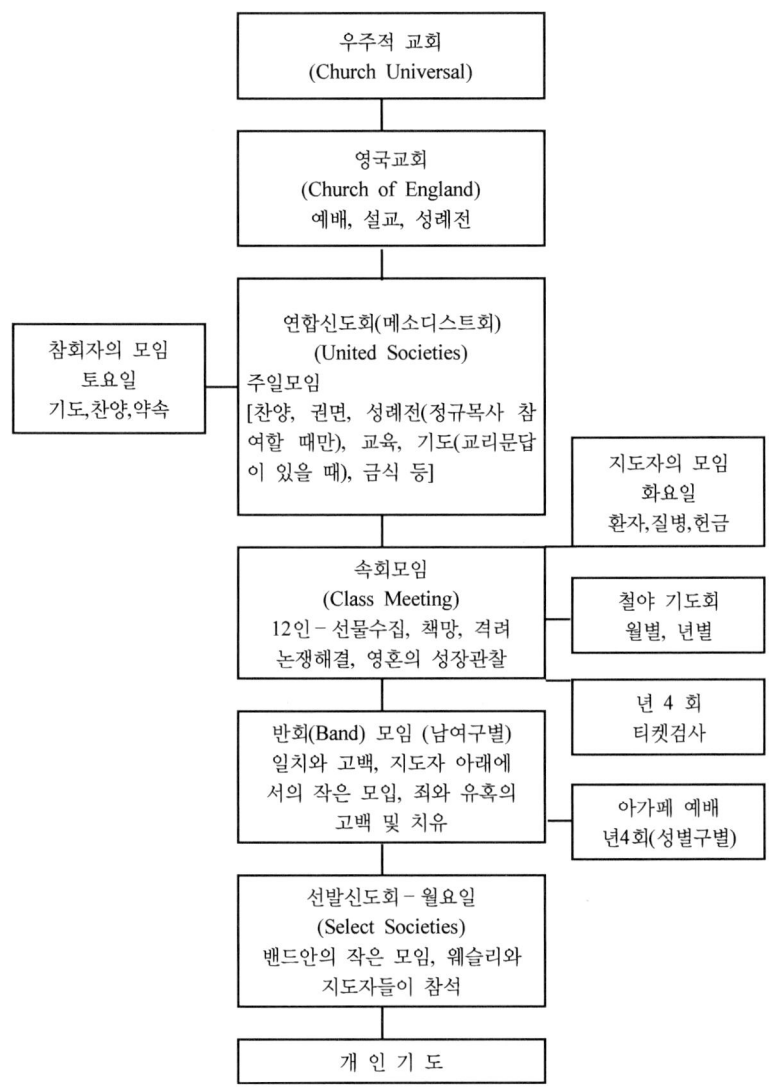

우주적 교회
(Church Universal)

영국교회
(Church of England)
예배, 설교, 성례전

참회자의 모임
토요일
기도,찬양,약속

연합신도회(메소디스트회)
(United Societies)
주일모임
[찬양, 권면, 성례전(정규목사 참
여할 때만), 교육, 기도(교리문답
이 있을 때), 금식 등]

지도자의 모임
화요일
환자,질병,헌금

속회모임
(Class Meeting)
12인 - 선물수집, 책망, 격려
논쟁해결, 영혼의 성장관찰

철야 기도회
월별, 년별

년 4 회
티켓검사

반회(Band) 모임 (남여구별)
일치와 고백, 지도자 아래에
서의 작은 모임, 죄와 유혹의
고백 및 치유

아가페 예배
년4회(성별구별)

선발신도회 - 월요일
(Select Societies)
밴드안의 작은 모임, 웨슬리와
지도자들이 참석

개 인 기 도

Ⅳ

존 웨슬리의 목회훈련의 방법과
그 실천적 적용

A. 목회훈련의 방법

하나님의 대표자이며 성령의 도구인 목사는 자격 구비의 사람이어야 한다. 구약의 모세는 장인 이드로의 충고를 받고 그와 함께 사역할 천부장, 백부장, 오십부장, 그리고 십부장을 선택하였는데 그 자격을 보면 ① 재덕이 겸전한 자 ② 하나님을 두려워하는 자 ③ 진실무망한 자 ④ 불의한 이를 미워하는 자[184]이다. 신약에 들어와 목회서신에서 교회의 직분자인 감독, 장로, 집사의 자격에 대하여 사도 바울은 다음과 같은 자격을 제시하였다. 감독은 ① 책망할 것이 없는 자 ② 한 아내의 남편 ③ 절제하며 근신하며 아담하며 나그네를 대접하며 가르치기를 잘하는 자 ④ 술을 즐기지 않는 자 ⑤ 관용하며 다투지 않는 자 ⑦ 돈을 사랑하지 않는 자 ⑧ 자기 집을 잘 다스리는 자 ⑨ 새로 입교한 자가 아닌 자 ⑩ 외인에게서도 선한 증거를 얻은 자[185]라야 하고, 장로는 그 자격으로 ① 책망할 것이 없는 자 ② 한 아내의 남편인 자 ③ 비방이나 불순종하는 일이 없는 믿음의 자녀를 둔 자,[186] 그리고 집사의 자격은 ① 단정한 자 ② 일구이언하지 않는 자 ③ 술에 인 박이지 않은 자 ④ 더러운 이를 탐하지 않는 자 ⑤ 깨끗한 양심에 믿음의 비밀을 가진 자[187]이다.

백동섭은 그의 저서 『목회학』에서 목사의 자격에 관하여 ① 자연적인 자격 ② 교육적인 자격 ③ 영적인 자격 – 개인적 속죄 경험

---

184) 출 18:10 – 21.
185) 딤전 3:1 – 7.
186) 딛 1:5 – 6.
187) 딤전 3:8 – 9.

이 있고, 성령으로 충만한 – 것을 제시하였다.[188] 또한 이동섭은 자신의 논문『한경직 목사의 목회론』에서 교직자의 자격을 4가지로 열거하였다. ① 중생해야 한다. ② 피소되어야 한다. ③ 영안이 밝아야 한다. ④ 성장해야 한다.[189]

이와 같은 자격을 구비하기 위해서는 훈련이 필요하다. 웨슬리는 말하기를 "만일 사람이 천사처럼 설교한다고 하여도, 적절한 훈련이 없으면 아무 유익을 주지 못할 것이다."[190]고 하였으며, 스케빙톤 우드도 메소디스트를 "정밀한 훈련의 종교"(A Religion of exact discipline)[191]라 하였다. 여기서는 목회훈련의 방법으로 헌신 훈련, 경건 훈련, 성경탐구 훈련, 그리고 설교 훈련과 조직의 핵심이 되는 지도자 훈련을 살펴보고자 한다.

1. 헌신 훈련

웨슬리는 철저한 헌신의 사람이었다. 웨슬리는 옥스퍼드 대학 시절 내외적으로 철저하게 헌신된 삶을 살 것을 결심하였고 이를 실천하기 위해 금식, 기도, 성경연구, 종교서적 탐구와 구휼운동에 힘썼다.[192]

우리는 아침과 저녁 한 시간 동안 개인기도의 시간을 가졌다. 9시와 12시 그리고 오후 3시에 기도문(Collect)을 외운다. 항상 자신을 면

---

188) 백동섭,「새목회학」(서울: 성광 문화사, 1983), pp.63 – 72.
189) 이동섭, "한경직 목사의 목회론",「월간 목회사」(1978. 4), pp.17 – 19.
190) Letters, Ⅴ, p.204.
191) A. Skevington Wood, The Burning Heart; John Wesley Evanglist (Minnesota: Bethany Fellowship, 1978), p.187.
192) C. E. Vulliamy, John Wesley (New York: Scribner, 1932), p.54.

밀히 점검하고 은혜의 표적이 있나 지켜보았다. 그리고 항상 신앙적 열의를 지니려고 노력했다. 경건한 말을 사용하고 성경을 자주 상고하였다. 나날의 일과에서 생긴 모든 특이한 일들을 암호로 일기에 적었다. 매일 한 시간은 따로 시간을 정해 명상을 했다. …… 일주일에 두 번 금식하고 교회의 모든 의식을 지켰다. 매 주일마다 성례전에 참여했다. 사람들 앞에 나가기 전에는 어떠한 무의미한 말을 하지 않도록 할 말을 준비했다. 그들이 아는 한에 있어서, 그들은 초대교회를 그들의 표본으로 취했다.[193]

그의 미국 조지아주 선교의 목적도 "궁핍을 모면하려는 것도 아니요, 오물이나 쓰레기 같은 재산이나 명예를 얻기 위함도 아니요, 다만 영혼을 구하는 것, 전적으로 하나님의 영광을 위하여 살기 위함"[194]이다. 그러므로 이 당시 그의 삶은 "지극히 작은 일에 있어서도 자기 자신을 부정하는 것을 하나님의 축복"[195]으로 알고 생활하였다. 그로 인하여 미국 선교 시절 그는 구원의 확실한 체험이 없었음에도 불구하고 자기 자신을 하나님의 것으로 끊임없이 바쳤다.

나는 생각한다. 진정으로 복음이 진실하다면 나는 안전하다. 가난한 이들을 먹이기 위하여 내 소유를 이미 다 내주었을 뿐 아니라 현재도 다 내주고 내 몸을 내주어 불사르고 물에 빠져 죽게 할 뿐 아니라 하나님이 나에게 명령하시는 일이면 무엇이라도 하고 있을 뿐 아니라 어떻게 해서라도 사랑을 이루기만 한다면 그것을 따르기 때문이다. 이제는 복음이 진실하다는 것이 믿어진다. 나의 모든 것을 걸고라도 '나의 행위로 믿음을 보이리라.' 그런 기회만 주어지면 수천 번이라도 그렇게 하리라.[196]

---

193) Ibid., p.55.
194) 「총서」, 제7권, p.44.
195) Ibid.
196) Ibid., pp.68 - 69.

웨슬리는 올더스게이트 회심 체험 이후 하나님께 자신을 바치는 일에 장소나 시간을 가리지 않고 더욱 헌신적이었다. 그로 인하여 그에게 다가온 시련은 말로 표현할 수 없을 정도였다.

하나님이 당신의 뜻을 우리가 알게 하시려고 얼마나 여러 가지로 골고루 준비를 하시는가! 2년 전에는 벽돌장이 날아와서 내 어깨를 스치고 지나갔다. 그로부터 1년 후에는 돌이 날아와 내 양미간을 때렸다. 지난달에는 주먹으로 한 대 맞았고 오늘 저녁에는 두 대를 맞았다. 한 대는 동리에 들어오기 전에 맞았고 한 대는 나온 다음에 맞았다. 그러나 둘 다 대수롭지 않았다. 한 사람이 있는 힘을 다해서 내 가슴팍을 쳤고 또 한 사람은 금방 피가 튀어 나오게 힘껏 내 입을 쳤지만 그들이 나를 밀집으로 때린 것보다 더 심한 아픔을 느끼지 않았기 때문이다.[197]

웨슬리는 항상 하나님을 생각하는 사람이었으니 "나는 케스위크 (Keswick)까지 정말 멋지게 말을 타고 갔는데 가는 동안 내 마음은 하나님을 생각하였다."[198]고 하였다. 1753년 11월 26일(당 51세) 웨슬리는 극도로 몸이 쇠약해져서 자신이 하나님께 부름받을 때가 가까운 줄로 알았다. 그리하여 자신의 묘비에 비문을 새기도록 명하였으니, 그 내용을 보면 그가 하나님께 자신을 얼마나 바치고자 하였는가를 알 수 있다.

이곳에 존 웨슬리 잠들다. 활활 타는 불속에서 꺼낸 아직도 불붙은 나무인 그는 결핵으로 51세를 일기로 사망하다. 모든 부채를 청산하고 10파운드도 재산으로 남기지 못하고 가다.

---

197) Ibid., p.157.
198) Ibid., p.212.

나 같은 무익한 종에게 하나님이여, 자비를 베푸소서!
기도를 드리며……199)

그러나 그는 장수하였다. 80세가 넘어서도 그는 주께서 자기를 다스리는 것을 믿음으로 고백하였으니 그의 헌신의 불길은 조금도 시들지 않았다.

81세인 지금 21세 때와 다름없는 힘이 생기며 오히려 젊었을 때 앓았던 두통, 치통 등 육체적인 질병이 전혀 나타나지 않는다. 우리로선 오로지 '주께서 다스리신다!'고 말할 수밖에 없다. '살아 있는 순간까지 그분을 위해 살게 하소서!'200)

그는 하나님께 부름받기 1년 전에도 끝까지 헌신의 사람이었다.

돈이 한 푼도 없으니 누구에게 돈을 남겨 줄래야 줄 수도 없다. 그러나 내가 죽은 다음 책들이 팔리면서 돈이 생길 것으로 생각되어 그 돈을 어떻게 썼으면 좋겠다는 의견을 유언서에 덧붙였다. 그러나 살아 있는 동안 조금이라도 선한 일을 하고 싶다. 일단 죽은 다음 어떻게 돌아갈지 누가 알 수 있으랴.201)

웨슬리는 1791년 2월 24일 하나님의 부름을 받을 때까지 철저하게 자신을 하나님께 바쳤으니, 그의 삶은 실로 헌신의 지속이었다. 그는 자신이 이처럼 하나님께 헌신적이었듯이 하나님을 믿는 성도들의 삶이 헌신적이 되도록 훈련시켰다. 그는 헌신을 신도회 가입 조건으로, 속회, 반회, 참회자반의 규칙으로 실천해 나갔으니 만약

---

199) Ibid., p.250.
200) 「총서」, 제8권, p.213.
201) Ibid., p.233.

여기에 불응하는 사람은 즉시 그 모임에서 추방되었다.

2. 경건 훈련

웨슬리의 경건 생활은 가정생활에서부터 시작되었다.

> 우리 집 아이들은 말을 시작하면서부터 주기도문을 가르쳐서 배
> 우게 했는데 항상 잠자리에 들 때와 일어날 때 주기도문을 하도
> 록 하였다. 점점 자라면서는 부모들을 위한 기도와 그 밖의 몇 가
> 지 기도를 덧붙여 하게 하였다. 그리고 그들이 기억할 수 있을 정
> 도로 짤막한 교리와 성경 구절들도 배우게 하였다.
> 우리 아이들은 아주 어려서부터 말을 하거나 걷는 것을 제대로
> 하기 전에 이미 안식일을 다른 날과 구별하도록 가르쳤다. 그리고
> 곧 이어서 가정예배를 드릴 때는 조용히 하도록 가르쳤고, 그다음
> 에는 무릎을 꿇거나 말을 하지 못해도 몸짓으로 표현해서라도 축
> 복을 원하는 기도를 하도록 가르쳤다.[202]

웨슬리의 어머니인 수산나 여사는 자녀들을 철저하게 훈련시켰다.
그녀는 규칙들을 제정하였고, 자녀들이 질서를 따라 하나님을 경외
하며 경건하게 살도록 하였다. 그 규칙들을 살펴보면 다음과 같다.
  ① 비겁한 마음을 먹거나 벌을 두려워하는 것 때문에 나중에 가
     서는 고치기 어려운 거짓말을 하는 버릇이 생길까 봐 늘 살
     폈다. 그래서 이것을 방지하기 위하여 누구든지 잘못하였다
     고 생각될 때 그것을 솔직하게 고백하고 다시는 안 하기로
     약속하면 때려 주지 않는다는 법을 세워 놓았다.

---

202) 「총서」, 제7권, p.135.

② 거짓말이나 훔치는 일이나 교회 안에서 장난치는 일이나 주일날 장난치는 일이나 복종을 안 하는 일이나 싸우거나 하는 등 죄가 되는 일을 했을 때는 절대로 벌을 주지 않고 지나치는 법은 없다.

③ 똑같은 잘못 때문에 두 번 야단을 치거나 매를 때리는 법은 없다. 그리고 일단 고치고 난 다음에 다시 그것을 책망해서는 안 된다.

④ 특히 스스로 생각해서 순종하는 모습을 보였을 때는 항상 칭찬을 해 주고 결과에 따라서 상도 준다. ……

⑦ 약속을 하면 엄격히 지켜라.203)

이 같은 가정에서의 경건 훈련은 그에게 크나큰 영향을 미쳤다. 그는 미국 선교를 위하여 가는 배에서도 경건 훈련을 지속하였다. 그 당시 생활은 다음과 같았다.

우리는 이제 약간 규칙적인 생활을 하기 시작하였다. 평상시의 우리의 생활은 이랬다. 새벽 4시에서 5시까지는 우리 각자의 개인기도 시간으로 했고, 5시에서 7시까지는 함께 성경을 읽었는데 초대교회의 문헌들을 세심하게 비교하면서 연구하였다. 7시에는 조반식사를 하고 8시에는 공동기도 시간을 가졌다. 9시에서 12시까지는 나는 독일어 공부를 하였고 델라모트 씨는 희랍어 공부를 했고 내 동생은 설교문을 썼고 잉험 씨는 아이들을 가르쳤다. 12시에는 함께 모여 우리가 지난번 모임을 가진 이후에 우리 각자가 할 일을 서로 이야기하고 다음 모임 전에 할 것으로 계획해 놓은 것을 함께 이야기하였다. 그리고 1시쯤 해서 함께 점심식사를 하였다.204)

---

203) Ibid., pp.138 – 139.
204) Ibid., p.45.

나아가 조지아 선교시절 그는 스스로 네 가지 결의를 하였고, 누가 보든 안 보든 경건하게 살고자 하였다.

① 절대적으로 개방성을 띠우고 내가 대화해야 할 상대와는 조금도 숨김없이 허심탄회하게 이야기를 나눈다.

② 계속해서 진지하게 노력하며 잠시라도 경박한 행동이나 웃음거리를 즐기는 일에 빠지지 않는다.

③ 하나님의 영광을 드러내지 않는 말은 절대 하지 않는다. 특히 세상일에 관하여 말하지 않는다. 아니, 다른 사람들은 그렇게 할지라도 나는 안 한다. 그것이 나에게 무슨 관계가 있는가?

④ 하나님의 영광을 드러내지 않는 일은 결코 즐기지 않는다. 내가 하는 모든 일에 있어서 매 순간 하나님께 감사를 드리고, 그러기에 내가 하나님께 감사를 드릴 수 없는 일은 어떤 것이라도 하지 않는다.[205]

1738년 5월 24일 올더스게이트가에서 복음적 신앙체험을 한 이후에도 웨슬리의 규칙적인 경건생활은 변하지 않고 계속 되었다. 1739년 4월 12일 그의 일기에 기록된 공적 생활을 보면 이 사실이 명확하게 입증된다.

나의 정상적인 공적 활동은 대체로 다음과 같았다. 매일 아침 나는 기도회를 갖고 뉴우게이트에 가서 설교하였다. 매일 저녁 한두 모임에 가서 성경을 해석하고 가르쳤다. 월요일에는 오후에 브리스톨 근처에 가서 옥외설교를 하였다. 화요일에는 바스와 투 마일 힐을 번갈아 찾아가서 설교를 하였고, 수요일에는…… 목요일에는…… 금요일에는…… 토요일 오후와 일요일 아침에는 보올링

---

205) Ibid., p.74.

그린에 가서…… 일요일 11시에는 한남산 근처에서, 2시에는 클립튼에서, 5시에는 로우즈 그린에서 설교하였다. 이렇게 해서 날이 갈수록 나의 힘이 더해 갔다.206)

웨슬리는 본인이 경건하게 살 뿐 아니라 그를 돕는 평신도 보조자들에게 경건훈련을 시키고자 엄격한 규율을 제정하였다. 그것은 아침 5시 전에 일어나서 6시부터 12시까지는 기도와 독서를 하고, 정오부터 하오 5시까지는 심방을 하고, 5시부터 6시까지 하나님께 은밀한 기도를 하고, 하루에 적어도 두 번 이상 전도하고, 하루 24시간 중 5시간은 반드시 독서와 성경공부를 하고, 설교는 간단히 하고 예배는 한 시간 안에 끝마치게 하였다.207)

3. 성경탐구 훈련

한 책의 사람인 웨슬리는 성경이 하나님께로부터 왔다는 사실을 믿게 하는 네 가지의 웅대하고 강력한 논증을 하였다. 즉 기적들과 예언자들, 교리의 선함과 저자들의 도덕적 성품이 그것이다. 모든 기적들은 신적인 능력으로부터 흘러나온다. 모든 예언자들은 신적인 이해력으로부터, 교리의 선함은 신적인 선함으로부터, 그리고 저자들의 도덕적 성품은 신적인 거룩함으로부터 흘러나온다. 그러므로 기독교는 네 가지 웅대한 기둥들, 즉 하나님의 능력과 이해력, 선함과 거룩함 위에 세워졌다. 신적인 능력은 모든 기적들

---

206) Ibid., pp.88 – 89.
207) 허경삼, "설교자로서 웨슬레", 「웨슬레 신학연구」, 제1집 (부천: 서울 신학대학, 1977), p.41.

의 근거이며, 신적인 이해력은 모든 예언자들의 근거이고, 신적인 선함은 교리의 선함의, 신적인 거룩함은 저자들의 도덕적 성품의 근거이다.[208]

나아가 웨슬리는 성경은 선한 사람들이나 천사들, 악한 사람들이나 악마들의 창작이 아니며 하나님의 창작이라 하였고, 나아가 성경의 신적 영감을 주장하는 간결하고 강력한 논증을 세 가지로 제시하였다.

① 그것은 선한 사람들이나 천사들의 창작일 수 없다. 왜냐하면, 그들은 자기들이 그 책을 쓰면서 '이렇게 주님이 말씀하셨다.'고 하는 거짓말을 계속하지도 않았을 것이고 할 수도 없었을 것이기 때문이다.

② 그것은 악한 사람들이나 악마들의 창작일 수 없다. 왜냐하면, 그들은 모든 의무를 규정하고 모든 죄악을 금하며 그들의 영혼을 영원한 지옥행으로 선고하지 않았을 것이다.

③ 그러므로 성경은 확실히 신적 영감에 의하여 주어진 것이라는 결론에 도달하게 된다.[209]

웨슬리는 성경이 하나님께로부터 왔다는 사실을 굳게 믿는 사람이었다. 나아가 그는 성경을 최고의 권위로 받아들였다. 즉 그에게 있어서 성경은 하늘로 가는 길을 가르쳐 주는 안내서요, 모든 계시의 시금석으로 신앙과 실생활의 최고의 권위였다. 그는 '우리 영의 증거'(The Witness of Our Own Spirit)라는 그의 설교에서 "선악의 그리스도교적 표준은 하나님 말씀 곧 신구약 성경의 문서입

---

208) Works, XI, pp.478 – 479.
209) Ibid.

니다. 성령의 감동을 받고 옛 예언자들이나 거룩한 사람들이 쓴 모든 것입니다. 하나님의 영감으로 쓰였고, 참으로 교리를 위하여, 혹은 하나님의 온전하신 뜻을 가르치는 일에 유익하며 그것에 반대되는 것을 책망하고 잘못을 고쳐 주며, 의로 교육하기에 유익한 것이 성경의 전부다."210)(딤후 3:16)고 하였다. 즉 웨슬리에게 있어서 성경은 모든 사항에서 그의 양심이 적용되어야 할 전체적이고도 유일한 외적 기준이 되었다.211)

웨슬리에게 있어서 성경탐구 방법은 묵상이었다. 그는 매일 경건하게 성경을 읽으며 묵상하는 것을 통하여 평생 경건한 삶을 이끌어 나갔다. 그는 『구약성서 주석』 서문에서 성경 묵상에 대하여 다음과 같이 썼다.

> 이것이 하나님의 일들을 이해하는 길이다. 밤낮을 가리지 말고 그것을 묵상하라. 그러면 유일하고 참되신 하나님과 그가 보내신 예수 그리스도까지도 알 수 있는 최고의 지식을 얻게 될 것이다. 그리고 이 지식은 당신으로 하여금 그를 사랑하도록, 너의 온 마음과 온 혼과 온 힘을 다하여 주 너의 하나님을 사랑하도록 이끌어 줄 것이다. 왜냐하면 그가 먼저 너를 사랑하셨기 때문이다. 그렇게 되면 그리스도 예수 안에 있던 그 모든 마음이 네 속에도 있지 않겠는가? 그 결과 너는 이 책에 쓰여 있는 모든 거룩한 기질을 기쁨으로 경험하는 한편 너는 너를 부르신 그분이 거룩하신 것처럼 외적인 모든 대화에서도 거룩하게 될 것이다.212)

웨슬리는 이와 같은 목적에 어울릴 수 있는 방식으로 성경을 읽

---

210) Sermons, Ⅰ, pp.225 – 226.
211) Ibid.
212) Works, XIV, pp.267 – 268.

고자 한다면 다음과 같이 하라고 방법을 제시해 주었다.

① 할 수 있는 대로 매일 아침과 저녁에 그 목적을 위하여 약간의 시간을 배정하라.

② 여유가 있다면 매번 구약에서 한 장, 그리고 신약에서 한 장을 읽으라. 그렇지 못하면 단 한 장만이라도 읽든지 일부분만이라도 읽으라.

③ 성경을 읽되 단일한 눈으로, 하나님의 전체적인 뜻을 알고 그것을 행하려는 확고한 결심으로 읽으라. 그의 뜻을 알려면 이렇게 해야 한다.

④ 신앙에 대한 확고한 신념을 가지라. 그리고 저 웅장하고 근본적인 교리를, 원죄와 믿음으로 말미암은 의인, 중생, 내적인 성결과 외적인 성결 사이에 있는 연관성과 조화에 대한 신념을 가지라.

⑤ 성경은 성령에 의하여 쓰였기 때문에 그 동일한 성령에 의해서만 이해될 수 있다. 그러므로 하나님의 말씀을 읽기 전에 항상 진실하고 간절한 기도가 있어야 한다. 우리가 읽은 것이 우리의 마음에 새겨지도록 하기 위해서는 역시 기도로 끝마쳐야 한다.

⑥ 읽을 때 잠깐씩 쉬면서 우리가 읽은 것을 통해 우리 자신을, 우리 자신의 마음과 삶을 반성해 보는 것도 유익할 것이다. 그때 우리는 하나님께서 우리로 하여금 당신의 은혜로운 뜻을 준행하게 하신 일에 대하여 찬양하게 될 것이고, 그렇지 못함을 깨달을 때에는 겸손히 기도하게 될 것이다. 그래서 네가 어떠한 빛을 받은 자라면 최선을 다하여 그것도 즉시로 사용하여야 한다. 조금도 지체하지 말라. 네가 무슨 결심

을 하든지 할 수 있는 대로 첫 순간에 실행하기 시작하라. 그러면 이 말씀이 진실로 현재와 영원의 구원에 이르는 하나님의 능력임을 발견하게 될 것이다.[213]

4. 설교 훈련

웨슬리는 진정 일생을 설교로 산 사람이었다. 1725년(22세) 옥스퍼드 주 남방 라이에서 처녀 설교를 한[214] 이후 매일 2, 3회씩 설교하였으며 주당 15회씩 평균해서 42,400회의 설교를 하였다. 미국 조지아 주로 가는 배에서 아무 준비 없이 즉석 설교를 하기도 하였으며[215] 사나반에서 목회활동을 시작한 것도 설교를 함으로였다.[216]

1738년 5월 24일 구원의 놀라운 체험이 있은 후 그의 설교는 내용과 방법에 있어서 완전히 달라졌다. "나의 모든 설교는 처음부터 마지막까지 그리스도가 주춧돌이 되었다. 그 내용은 하나님의 나라가 가까이 왔으니 회개하고 복음을 믿으라."[217]는 것이었다. 그로 말미암아 그의 설교에는 놀라운 역사가 일어났으니 한 예를 제시하면 다음과 같다.

세인트 토마스 교구에는 미쳐 날뛰는 젊은 여인이 있었는데 계속해서 소리를 지르고 자신을 몹시 괴롭혔다. 나는 그 여인에게 말

---

213) Ibid.
214) 송흥국, 「요한 웨슬레」, p.249.
215) 「총서」, 제7권, p.43.
216) Ibid., p.50.
217) Works, Ⅷ, pp.469.

을 해 주고 싶은 강한 욕망을 느꼈다. 내가 말을 시작하자 그 여인은 잠잠하였다. '나사렛 예수께서는 당신을 구원하실 수 있는 분이고 또 당신을 구원하실 분입니다.'라고 그 여인에게 내가 말을 해 주는 동안 그 여인의 뺨에는 눈물이 계속 흘러내렸다.218)

웨슬리에 있어서 1739년은 중요한 해이다. 왜냐하면 회심 이후 본격적으로 옥외설교를 통한 전도활동에 주력하기 시작한 해로서 1739년 3월 29일 화이트필드의 요청을 받고 브리스톨에가 옥외설교를 시작하여219) 42일에는 약 3,000여 명에게 설교하였고220) 킹우드의 한남산 정상에서 약 1,500여 명 되는 사람에게 설교하면서221) 브리스톨을 중심으로 순회하며 설교하였다.

웨슬리는 복음을 전하면서 바울과 그 일행이 당했던 수많은 환난과 핍박과 어려움을 겪었다. 그럼에도 불구하고 그는 죄인들을 찾아가 그들에게 복음을 전했다.222) 그가 하나님께 부름을 받기까지 설교에 대한 그의 열정은 전혀 식지 않았다.

스피톨필즈(Spitolfields) 교회에서 '하나님의 전신갑주'에 관하여 많은 사람들에게 설명을 하였다. 샤드웰(Shadwell) 성 베드로 교회에서 오후에 집회를 가졌는데 더 많은 사람들이 모여 한 가지 필요한 것으로 중요한 진리를 말하는 동안 진지하게 들었다. 많은 사람들이 이제라도 더 나은 것을 선택하기를 바랐다.223)

---

218) 「총서」, 제7권, p.84.
219) Ibid., p.86.
220) Ibid.
221) Ibid., pp.86 - 87.
222) Ibid., pp.88 - 89, 110 - 111.
223) 「총서」, 제8권, p.241.

웨슬리는 『발성과 몸짓에 관한 지침』(1749년, Directions Concerning Pronunciation and Gesture)에서 설교 시 발성과 몸짓에 관하여 지침을 주었는데, 그 첫 부분은 어렵지 않고 즐겁게 들을 수 있도록 어떻게 말할 수 있겠는가에 대한 것이었다. 그것에는 좋은 권고로 가득 차 있었다. 그는 주장하기를 설교자의 첫 번째 과제는 잘 들리게 말하고 쉽게 이해시키는 것이라고 하였다. 맑고 큰 성대는 큰 재산이지만 타고 나지 못한 사람들도 기본적인 발성법에 주의를 집중함으로써 충분히 개발할 수 있다고 하였다. 나아가 웨슬리는 자기의 설교자들에게 고함치는 위험에 대하여 경고하였다.[224] 존 킹(John King)에게 "당신의 영혼이 멸망하는 것에 대하여 더 이상 절규하지 마시오. …… 나는 가끔 크고 열렬하게 말합니다. 그러나 나는 절규하지 않습니다."[225]라고 하였으며, 그리고 사라 말렛(Sala Mallet)에게 "절규하지 마시오. 말할 때 당신의 자연적인 음량대로 하시오. 지나치면 듣는 사람에게 거슬립니다."[226]라고 훈련을 시켰다.

웨슬리는 몸짓은 얼굴과 손의 조용한 언어라고 하였다. 그는 능력 부족을 몸짓으로 보상하려는 풍자식 설교가들(Windmill Preachers)의 무용론에 대하여 자세히 밝혔다.[227] 그는 설교자의 자세에 대하여 깊은 관심을 갖고 훈련시켰다.

그대들의 회중 앞에서의 처신은 진지하고 신중하고 엄숙한 것이 되게 하라. …… 그대의 제스처든지 말씨든지 혹은 발언이나 무

---

224) Works, Ⅷ, pp.479-480.
225) Letters, Ⅵ, p.167.
226) Letters, Ⅷ, p.190.
227) Works, Ⅷ, p.484.

엇이든지 모양 없고 부자연스러운 것을 조심하라. 말에나 옷차림
에 버릇없이 함을 주의하라.228)

웨슬리는 연회를 통하여 설교에 대하여 훈련을 시키고자 의도하
였다. 제1회 연회에서는 "허황되거나 또는 비방하는 유의 설교를
들을 때 우리는 어떠한 태도로 임할까?" 하는 질문에 대하여 "만
일 그 설교가 사람에 관계되는 것이라면 우리는 다만 침묵을 지키
는 것으로 족하되, 만일 그것이 하나님의 사업과 성령을 모독하는
것이라면 당연히 퇴장하는 것이 좋을 것이다. 그러나 어떤 경우이
건 기회를 보아 그런 설교자에게 직언을 하거나 서신으로 권고함
이 좋을 것이다."229)라고 하였다. 또한 "설교의 일반적인 최선의
방법은 무엇인가?"라는 질문에 "초청하고, 신복(설득)시키고, 그리
스도를 전달하고, 그리고 북돋아 주는 것이다. 이것은 어느 설교에
나 있어야 한다."230)고 하였다.
    제3회 연회에서 "경험상 어떤 설교가 가장 큰 은혜를 끼치는
가?" 하는 물음에,
    ① 청중의 생활에 가장 관계가 깊고, 설득력이 있고, 실제적인 설교.
    ② 제사장으로서의 그리스도와 그의 속죄를 강조하는 설교.
    ③ 그리스도를 멸시하고 알지 못하는 인간의 가증스러움을 나타
       내는 설교231)라고 하였다.

    제4회 연회에서는 "전도인은 얼마나 자주 설교할 수 있는가?"

---

228) 허경삼, op. cit., p.64.
229) 「총서」, 제8권, p.359.(제1회 연회록)
230) Ibid., p.261.
231) Ibid., p.282.(제3회 연회록)

하는 물음에 "주일이나 그 밖에 특수한 경우가 아니면 하루 두 번 이상 설교하지 말 것이다. 특별한 경우에 관해서는 재량껏 할 것이다."[232]라고 하므로 설교의 횟수에 대하여 지침을 주었다. 나아가 "설교에 관하여 이들에게 유익한 조언이 없겠는가?"라는 물음에 대하여 다음과 같이 조언하였다.[233]

① 일정한 시간에 설교를 시작하고 그치라.

② 자작 찬송을 부르지 말라.

③ 교중 앞에서 몸가짐을 근엄하고 무겁게 그리고 엄숙하게 하기를 힘쓰라.

④ 설교에 쓸 성구는 가장 평이한 것을 택하라.

⑤ 성경 본문에서 떠나 우왕좌왕하지 말고 본문에 집착하여 주 목적을 향해 나아가라.

⑥ 언제나 설교제목은 청중에게 맞게 하라.

⑦ 너무 지나치게 비유적이나 추상적으로 말하지 말라.

⑧ 몸가짐이나 발음에 거북살스럽거나 부자연한 점이 없도록 주의하라.

⑨ 서로의 결점을 발견하는 대로 충고하여 주라.

이상의 내용을 요약하면, 웨슬리는 설교로 일생을 산 목회자였다. 올더스게이트가에서의 체험은 그로 하여금 둘도 없는 사도직의 진정한 출발점이 되게 하였다. 그에게 있어서 옥외설교는 짐이었으나 많은 영혼을 구하는 방법이 되었다. 웨슬리는『발성과 몸짓에 관한 지침』에서 설교 시 행하는 자세 및 태도에 대하여 기르

---

232) Ibid., p.297.(제4회 연회록)
233) Ibid.

쳤고, 그를 따르는 사람들을 훈련시켰다. 연회는 그에게 있어 설교 훈련을 시키는 정식 의결기관으로 활용되었다. 설교훈련은 그의 목회자 훈련에 있어서 중심이었다.

5. 지도자 훈련

a. 평신도 보조자(Lay‒Assistant)

평신도 보조자는 1744년부터 분명하게 활동하기 시작하였고, 그 명칭도 다양하게 사용되어 처음에는 평신도 보조자로 불렸다가, 협력자(Helper)가 되고 또 평신도 설교자(Lay‒Preacher)로,[234] 그리고 다시 이들 중 대부분은 지방설교자(Local Preacher)로 남았고 소수는 순회 설교자(Itinerant)가 되었다.[235] 그리고 후에 이들은 감리교회의 순회구역(Circuit)의 전도인이 되었다.

이들은 현재 전도사나 장로 같은 직분으로 보인다.[236] 이 평신도 보조자들은 웨슬리에게 직접 지도를 받았다. 스티븐스(Stevens)는 순회 전도자에 대하여 다음과 같이 설명하였다.

> 순회 전도자들은 그 단체 내의 어려움을 다루며 부랑자들을 대면하며 어떤 기후에도 용감하며 보수를 받지 않고도 살아갈 수 있도록 가르침을 받았다. 그들의 여정에서 이변이 생기지 않는 한

---

234) Martin Schmidt, <u>John Wesley: A Theological Biography</u>, Vol. II (New York: Abingdon Press, 1972), p.106.
235) Henry Carter, <u>The Methodist Heritage</u> (New York: Abingdon Cokeshurry Press, 1951), p.96.
236) 노종해, 「한국 감리교회의 성격과 민족」, p.134.

은 4시에 일어나서 5시에 설교하고 소책자를 전해 주러 다니며 규칙에 따라 살고 두려움이 없이 죽도록 가르침을 받았다.[237]

웨슬리는 함부로 지도자를 선택하지 않고 신중을 기했다. 1746년 5월 12일부터 15일까지 열렸던 제3회 연회에서 장정문제에 대하여 토의하면서 하나님께로부터 전도의 사명을 받았다고 믿는 사람들을 선택하기 위하여 다음과 같이 문답을 하였다.

　문 8. 성령의 감화를 받아 하나님께로부터 전도의 사명을 받았다고 믿는 사람들을 어떻게 그 진가(眞假)를 시험할까?
　답. 아래와 같이 질문을 할 것이다.
　　1. 그들은 자기들이 믿는 분을 알고 있는지, 하나님을 사랑하는 마음이 있는지, 하나님 외에 다른 것을 욕망하고 추구하지 않는지, 그들의 담화에 있어서 모든 면으로 거룩한지 알아볼 것.
　　2. 그들이 그 일을 위하여 재능과 은혜가 있는지, 어느 정도의 명확하고 건전한 지성이 있는지, 하나님의 일에 관해서 올바른 판단력을 가지고 있는지, 믿음으로 의를 얻는다는 정당한 관념을 가지고 있는지, 하나님께서 그들에게 어느 정도의 언변을 주셨는지, 그들이 이론 정연하게, 유창하게 명백히 발표를 할 수 있는지 등을 알아볼 것.
　　3. 그들이 어느 정도의 성공을 거둔 일이 있는지, 그들이 사람의 마음을 감동시켜 설복시키도록 말로만이 아니라 실제로 그들의 전도로 죄를 회개하고 하나님의 끝없는 사랑을 인식하여 용서를 받은 사람이 있는지 등을 알아볼 것이다. 그리하여 이 세 가지 조건이 긍정적이라면

---

237) H. A. Snyder, op. cit., p.86.

그런 사람은 하나님께로부터 전도의 사명을 받은 사람
이라고 인정할 수 있다. 이 조건들은 그가 하나님의 성
령의 감화를 받은 증거가 된다고 할 것이다.[238]

웨슬리는 이런 사람들을 지도자로 선발하기 위하여 죄 사함을
확실히 받은 신앙고백의 단체인 반회와 선발신도회에서 평신도 보
조자들을 선발하였다. 나아가 그는 여기에 만족하지 않고 증거가
있는지 없는지에 대하여도 철저한 검증을 하였다.

> 문 9. 그러나 어떤 특정 인물에게 이런 증거가 있는지를 어떻
> 게 알 수 있는가?
> 답 1. 우리는 그런 사람에게 우리의 보조자 중 한 사람을 보내
> 어 그의 설교도 들어 보고 그로 더불어 위의 조건들에
> 대해 사실 확인도 해 볼 수 있다.
> 2. 우리 자신들이 직접 그의 설교도 듣고 그와 더불어 이야
> 기도 해 볼 수 있다.
> 3. 우리는 그의 설교로 죄의 용서를 받았다는 사람을 만나
> 철저히 알아볼 수도 있다.
> 4. 우리는 구두로나 글로 자기가 전도의 사명을 받았다고
> 믿는 이유를 진술하거나 쓰도록 해 볼 수도 있다.
> 5. 우리는 일반 회중들과 함께 금식하고 기도하면서 우리가
> 하나님의 뜻대로 판단하고 실행하도록 하여 주기를 구할
> 것이다.[239]

웨슬리에게 있어서 평신도 보조자의 선정은 그의 목회 사역에
핵심 요소였던 고로 매우 심사숙고 했음을 알 수 있다. 이제 그가

---

238) 「총서」, 제8권, p.280.
239) Ibid., pp.280 - 281.

평신도 보조자들을 전문적인 사역자가 되게 하기 위하여 철저한 목회훈련을 시켰는데 그 지침들을 보고자 한다.

(1) 평신도 보조자의 직무240)
교역자가 없는 경우에 양 떼를 먹이고 지도하고 다스리되,
  ㉮ 조석으로 그들에게 성경 말씀을 해석해 준다.
  ㉯ 매주 연합신도회와 반회와 선발신도회 그리고 참회자반을 소집한다.
  ㉰ 각 속회를 월 1회 방문한다.
  ㉱ 신도 사이의 이견을 듣고 조정해 준다.
  ㉲ 말썽을 일으키는 신도를 심사하여 시정해 주고 반회나 신도회에서의 제소를 받는다.
  ㉳ 집사나, 지도자들이나, 선생이나, 건물관리인들이 각자의 직무를 수행하는가를 살핀다.
  ㉴ 집사나 반회와 속회의 지도자들을 만나보고 또 그들의 회계장부를 검사한다.

(2) 평신도 보조자의 자격241)
  ㉮ 신앙적인 면에 있어서: 마음속에 하나님의 사랑이 있고 언행이 거룩한 자라야 할 것이며 사업을 감당할 재능과 은혜를 입은 자라야 하고, 과거 이력 중에 전도에 방해요소가 없는 자라야 할 것이다.
  ㉯ 지식함양에 있어서: 유익한 서적을 읽고, 아침 시간에 독

---

240) Ibid., pp.261 - 262.
241) Ibid., pp.281 - 282.

서하고, 하루 5시간 정도 독서를 하라. 이같이 못하면 전
도 사업을 그만두고 본연의 직장으로 돌아가라.

(3) 평신도 보조자들을 위한 설교지침[242]

(4) 평신도 보조자의 수칙[243]

㉮ 근면할 것. 잠시라도 일없이 지내지 말 것. 그리고 불필
요한 일에 시간을 소비하지 말 것. 더구나 외지에 가 있
을 때에는 각별히 시간 낭비를 말 것.

㉯ 항상 근엄한 태도를 가질 것. 그대의 '모토'는 "주 앞에
서 거룩함을 지킬 것"을 삼으라. 모든 일에 신중을 기하
고 경솔한 행동과 처사는 지옥 불을 피하듯 하라. 파안대
소하는 것은 저주와 맹세처럼 여겨 삼가라.

㉰ 여인을 가까이 말라. 그들을 사랑하되 그들과 접촉하지는
말라. 세속적 풍습은 우리에게 아무 가치가 없다.

㉱ 아무의 험담도 믿지 말라. 남의 잘못을 그저 볼 뿐이다.
그러나 동정적으로 이를 대하고 모든 일에 건설적 태도
를 가지라. 판사는 언제나 피고 편에 서는 것이다.

㉲ 누구의 험담도 말라. 남의 험담을 하면 그것은 결국 암처
럼 그대를 먹어 들어갈 것이다. 남의 험담을 들었을 때라
도 같이 응수하지 말고 무슨 생각이나 그대로 발설 말고
가지고 있다가 당사자를 만나서 확인하라.

㉳ 그대가 그 사람이 무슨 잘못을 저질렀다고 생각하면 그것을

---

242) 이 문제에 대한 충분한 토론은 본장(Ⅳ장) 앞부분 '선교훈련'을 참조.
243) 「총서」, 제8권, pp.262 – 263.

모든 사람에게 분명히 그리고 될수록 빨리 말하라. 그렇지 않으면 이것이 그대의 마음속에서 곪아 터질지도 모른다. 될 수 있는 대로 빨리 서둘러서 마음의 불을 끄도록 하라.

㉳ '신사인 양' 무슨 일이나 하지 말라. 그대는 이런 신사 투의 모습과 무관한 것이 마치 무도 교사의 모습과 마찬가지이다. 그대는 모든 사람의 종임을 기억하라.

㉴ 그대는 죄 외에는 아무것도 부끄러워 말라. 시간이 있어서 남의 심부름으로 장작을 운반하는 것이나, 물을 길어 주는 것이나, 그대의 신을 닦는 것이나, 남의 신을 닦아 주는 것이라도 부끄러운 일은 아니다.

㉵ 아무의 금품도 받지 말라. 만일 누가 그대가 주릴 때 음식을 제공하거나 필요할 때 옷을 준다면 그것은 받아도 무방하다. 그러나 은이나 금을 주는 것은 받지 말라. 우리는 복음을 전함으로 치부하였다는 말을 들어서는 안 된다.

㉶ 나의 동의 없이 빚을 쓰지 말라.

㉷ 시간을 잘 지키라. 무슨 일이나 꼭 제시간에 하라. 그리고 우리의 규칙을 엄수하고 그것을 변경하지 말라. 지키되 책벌이 두려워서가 아니라 양심을 따라서 하라.

㉸ 무슨 일이나 나 자신의 뜻대로 말고, 복음의 아들로서 하라. 그리하여 우리의 지시를 따라 그대의 시간을 선용하되 양 무리의 집을 방문하며(특히 환자를 각근히 문병하며), 그리고 우리가 때때로 권고한 대로 독서와 명상과 기도에 힘쓰라. 무엇보다 그대가 우리와 함께 주님의 포도원에서 일을 하는 이상 어느 때, 어느 장소에서나 그의 영광에 합당하다고 우리가 판단하는 대로 우리의 지시를

따를 각오를 가지라.

마틴 쉬미트(Martin Schmidt)는 평신도 보조자의 규칙을 초기
기독교뿐 아니라 수도승적 청교도주의(Monastic Puritanism)적인
정신을 반영한 것이라고 평가하였다.[244]

(5) 평신도 보조자의 독서
웨슬리는 평신도 보조자들의 지식 함양에 있어서 자신이 읽은
책들 중에서 유익하고 건전한 책들을 선정하여 그들로 하여금 읽
게 하였다.

> 살루스트(Sallust), 시이저(Caesar), 씨세로(Marcus Tullius Cicero),
> 에라스무스(Erasmus), 캐스텔리오(Cebastian Castelleo, 1515 - 1563),
> 테렌스(Terence), 버어질(Virgil), 호레이스(Horace), 비다(Marco
> Giralomo Vida, 1489 - 1566), 희랍어 성서(Greek Testament), 에
> 픽테터스(Epictetus), 플라토(Plato), 익나시우스(Ignatius), 에푸라
> 임 사이러스(Ephraim Syrus), 호머(Homer), 희랍 격언집(Greek
> Epigrams), 뜌포트(James Duport, 1606 - 1679), 어쉬감독 설교집
> (Bishop Ussher's Sermons), 안트(Johann Arndt, 1555 - 1621, 루
> 터교 경건주의자), 뵘(Anthony Willam Boehm, 1673 - 1722), 날슨
> (Valentine Nalson, 1683 - 1723), 파스칼(Pascal), 푸랑케(August
> Hermann Franke, 1663 - 1727, 저명한 독일 경건주의자), 겔
> (Robert Gell, 1595 - 1665, 켄터베리 대감독 보좌목사) 등의 저서
> 와 기타 우리가 준비한 소책자를 읽을 것이다.[245]

또한 웨슬리는 평신도 보조자를 돕는 보좌인[246]들을 위해서도

---

244) 노종해, 「한국 감리교회의 성격과 민족」, p.135.
245) 「총서」, 제8권, p.264.

생활일과표와 읽어야 할 서적을 제시해 줌으로 보좌인들도 철저하게 목회훈련을 시켰다.[247]

1. 언제나 4시에 기상할 것.

2. 오전 4시부터 5시까지와 오후 5시부터 6시까지 일부는 명상과 기도에 쓰고 일부는 성경을 2, 3절 혹 1, 2장 정도 읽고, 일부는 실용적인 신학서류를 읽되, 특히 헨리 스쿠갈(Henry Scougal, 1650－1678, 스코틀랜드인)의 "인간 영혼 속의 하나님의 생명"이라는 책이라든가, 천로역정이라든가, 로씨의 저서든가, 비버리지(Wm, Beveridge, 1637－1708)의 수상록이라든가, 헤이린(John Heylin, 1685－1759, 런던 St. Mary－le－Strund 목사)의 기도서, 할리버튼(Mr. Halyburton, 1674－1712, 스코틀랜드 St. Andrew 신학교 교수)의 자서전과 드렌티(Monsiewr De Renty 불란서 귀족)의 전기 등을 읽을 것이다.

3. 오전 6시부터 12시까지는 1시간을 조반에 쓰고, 그 나머지는 아래 열거한 책들을 기도와 함께 순서적으로 정독하라. 피어슨 감독(Bishop John Pearson, 1613－1686, Chester 감독)의 '신조에 대하여'와 펠 감독(John Fell 1625－1686, Oxford 감독)의 '바울서신주해'와, 뵘(Anthony Wm Boehm 1673－1722, St James, 교회목사)과 날슨(Valentine Nalson, 1683－1723, York주 St, Martin 교회 부목사) 씨의 설교집과, 파스칼의 명상록과, 우리 회가 발간한 소책자들과 시가들과, 밀턴의 실락원과, 케이브 목사(Wm Cave 1637－1713 London, Allhallows

---

246) 웨슬리는 보좌인들에게 관하여 말하길 "선생으로보다는 배우는 사람으로, 대학의 젊은 학생으로 자처함이 좋을 것이다."라고 하였다. Ibid., p.281.

247) Ibid., pp.281－282.

교회목사)와 풀류리(Claude Fleury, 1640 - 1723, 불란서, 궁중목사, 교회 역사가)의 원시 기독교와 엑하드(Mr. Laurence Echard, 1670 - 1730)의 교회사(예수 탄생 시부터 콘스탄틴 대제까지의) 등을 읽을 것.

이상으로 웨슬리가 평신도 보조자를 어떻게 선발하였으며, 목회 훈련을 어떻게 시켰는가를 살펴보았다. 이들은 수많은 영혼을 구원시켰고, 훗날 온전히 헌신하여 목회자가 되기도 하였다.

b. 속장(Class Leader)

웨슬리는 신도회마다 그 안에 12명씩의 속회원으로 속회를 구성하고 그중에서 가장 신임할 수 있는 사람을 속장으로 임명하여 속회를 돌보게 하였다. 이 속장의 임명 및 면직은 웨슬리 자신이나 담임 목사들이 하도록 하였다.[248] 속장의 직분은 부목회자(Sub - Pastor), 위임받지 않은 교역자(Non - Commissioned Officer), 그리고 영적 경찰관(Spiritual Police) 등으로 다양하게 서술되었으며,[249] 이러한 직분을 감당할 수 있도록 속장은 영적인 지도력과 목회적, 행정적 지도력이 요청되었는 고로 웨슬리는 철저한 목회훈련을 실시하였다.[250]

웨슬리는 연합신도회 총칙(General Rules of the United Societies) 제3조에서 속장의 임무 두 가지를 명시하였다.[251]

---

248) Watson, op. cit., p.98.
249) Ibid., p.101.
250) Ibid.
251) Ibid., p.204. 이 총칙은 모두 7개조로 되어 있으며 그중 제3조가 속회에 관한 조항이다.

① 자신의 속회의 회원을 적어도 일주일에 한 번씩 찾아본다. 이는 그들이 가난한 자의 구제를 위하여 기꺼이 드리는 것을 받고, 그들의 영혼이 얼마나 번성하는가를 묻고, 또한 그럴 만한 사태가 생길 때 조언하고 책망하고 권면하기 위해서이다.

② 목사와 신도회의 집사를 일주일에 한 번은 만난다. 이는 집사에게 지난 속회의 헌금을 전해 주고, 각 회원의 헌금 대장을 보여 주며, 또한 목사에게 병든 사람, 문란하게 생활하는 사람, 돌이키지 않는 사람 등을 알려 주기 위해서이다.

이 두 가지 임무를 중심으로 하여 속장의 임무를 좀 더 세밀히 열거하면 다음과 같다.[252]

① 속장은 매 주간에 속회원을 찾아보고 목요일에 모이는 속회에 참석시킬 것.

② 속장은 속회에 모일 때마다 속회원이 헌금을 내도록 촉구할 것.

③ 속장은 매 주간 유고 속회원을 찾아 심방할 것.

④ 속장은 매주 속회 일지를 기록하여 속회 인도자가 보도록 할 것.

⑤ 속장은 매주 화요일 저녁마다 모이는 속장들의 모임에 빠짐없이 참석할 것.

그리고 속장들 가운데 유능한 속장은 속회 인도자로 선발되기도 하였다.[253] 웨슬리는 속장을 철저하게 훈련시켰을 뿐 아니라 적절하게 목회 사역에 동참시킴으로 신도회의 영적성장을 이루고 있다.

---

252) Ibid., p.102 – 104.
253) Ibid., p.100.

c. 집사(Stewards)

집사는 속회의 속장과 같이 메소디스트회의 기둥이라고 할 수 있는 평신도 지도자이다. 이 명칭에 대하여 노종해는[254] 유로 번역하였고, 김영운은[255] 사로 번역하였다. 여기서는 집사로 통일하고자 한다.

1744년 6월 25일부터 29일까지 열렸던 제1차 연회 마지막 날인 29일(금) 집사의 직무와 수칙에 대하여 다음과 같이 문답을 하였다.[256]

문 6. 집사의 직무는 무엇인가?
답 1. 신도회의 일반 사무를 처리한다.
  2. 각 속장들에게 헌금을 수합한다.
  3. 때때로 필요한 지출을 한다.
  4. 빈자에게 구호금을 전달한다.
  5. 공유건물의 청소와 수리를 관리한다.
  6. 재정 수지 상황을 장부에 게재 보관한다.
  7. 보조자(부목)에게 집과, 학교와, 반회와, 신도회의 규칙이 엄수되고 있는지를 보고하여야 한다.
  8. 필요한 경우에는 목사에게 보고하라.
  9. 보조자가 혹시 신앙도리나 생활에 오류가 있다면 사랑으로 이를 충고할 것이다.
  10. 만일 그 잘못을 시정하지 않을 때에는 이 사실을 목사에게 알릴 것이다.
  11. 매주 동료집사와 만나 위의 모든 조항에 대하여 상의를 하라.

---

254) 조종해, 「한국 감리교회의 성격과 민족」, p.135.
255) 「총서」, 제8권, p.263.
256) Ibid., pp.263 – 264.

문 7. 집사의 수칙은 무엇인가?

답 1. 검소할 것, 정직히 저축할 것은 무엇이나 저축해 두라.

   2. 수입 이상의 지출을 말고 빚을 지지 말라.

   3. 무슨 일이나 성급히 또 경솔히 하지 말라. 무슨 일이나 착수 하기 전에 신중히 생각해서 하라.

   4. 외상을 오래 끌지 말고 그 주간에 갚으라.

   5. 남을 도와줄 때 찌푸린 안색이나 불평을 하지 말라. 도울 수가 없을지라도 남을 섭섭하게 말라.

   6. 사람에게서 사의를 기대 말라.

   7. 그대는 부목사(부목)의 하수인임을 기억하고 항상 겸비한 태도로 말하라.

이 집사들은 매주 목요일 아침 6시에 모여 밀린 사무를 처리하고 환자와 빈자에게 필요한 구제금을 전달 지급하였다.[257] 집사들은 신도회에서 4–7명으로 조직되었고 이들의 주요 임무는 신도회를 유지 관리하는 일이었었다.

e. 병자심방인(Visitor of the Sick)

웨슬리는 병자에 대하여 특별한 관심을 가졌다. 처음에는 속장과 집사들이 심방하고 구제하였으나 이들이 환자들이 요구하는 만큼 심방할 수 없으므로 병자심방인을 따로 두었다. 웨슬리는 신도회 회원 중에서 자원자를 택하여 2명씩 짝 지어 다니게 하고 한 주일에 적어도 3번은 심방하도록 하였다.[258] 웨슬리는 병자심방인을 위하여 수칙을 정하였으니, 그 내용을 살펴보면 다음과 같

---

257) 노종해, 「한국 감리교회의 성격과 민족」, p.136.
258) Ibid.

다.259)

① 솔직하고 겸손할 것.

② 온유하고 오래 참고 진실할 것.

③ 청결할 것.

④ 환자를 너무 가까이 말 것.

웨슬리는 병자심방인의 활동에 대하여 다음과 같이 평하였다. 그는 말하기를

이 일을 통해 하나님께서 더욱 놀라운 축복을 내리시는 것을 보고 기뻤습니다. 많은 생명이 구원을 받았고 많은 환자가 나음을 얻었으며 고통과 빈곤으로 시달리던 많은 사람들이 그것으로부터 해방되었습니다. 마음이 무겁던 자들이 기쁨을 얻게 되었고 슬피 울던 자들이 위로받게 되었으며 이 방문자들도 그들이 섬기는 주님으로부터 그들의 노력에 대한 귀한 선물을 받았습니다.260)

웨슬리는 목회현장의 필요에 따라 직분자를 선정 임명하였고, 철저한 확인 및 감독을 통하여 목회훈련을 실시하였다.

---

259) Works, Ⅳ, p.267; 「총서」, 제10권, p.116.
260) Ibid., p.263.

B. 성결교회와 목회훈련의 적용

1. 목회훈련의 조직과 내용

a. 조 직

(1) 복음전도관

성결교회가 시작된 1907년에는 이미 한국에 다른 주요 교단 교회들이 선교활동을 시작한 지 약 22년이 지난 후였다.[261] 성결교회는 외국인 선교사가 오기 전 1907년 5월 2일 정빈과 김상준 양인이 일본의 동양 선교회가 설립한 '동경 성서 학원'을 졸업하고 귀국함으로 시작된 교단이다. 동년 5월 30일 서울 무교동 12번지 자리에서 기와집 한 채를 사서 복음전도관 간판을 걸고 복음을 전하였으니 이것이 한국 성결교회가 탄생한 순간이었다.[262] 성결교회가 교파나 교단 형성에 전혀 뜻이 없이 어디까지나 순수하게 복음을 전하고자 내걸었던 간판이 복음전도관이었다.

처음에는 "교파 형성의 의도 없이 출발하여 …… 성결의 복음을 만민에게 선포할"[263] 목적으로 전도에만 열중하던 정빈, 김상준 양인이 복음전도관이라는 교단을 조직하게 된 것은 신도 수가

---

261) 1885년 4월 5일 제물포에 미 북장로교 소속 선교사 언더우드 (H. G. Underwood)와 미 북감리교 소속 선교사 아펜젤러(H. G. Appenzeller)가 이 땅에 상륙하였다. 백낙준,「한국 개신교사」(서울: 연세대 출판부, 1973), pp.113 - 122.

262) 이천영,「성결 교회사」(서울: 기독교 대한 성결교회 출판부, 1970), pp.25 - 26.

263) 민경배,「한국 기독교회사」(서울: 대한 기독교서회, 1973), p.138.

너무 많이 증가되어 불가피한 일이었다.264) 나아가 복음전도관이 한국 선교에 착수한 지 15년이 지났을 때 설립된 전도관이 33개소에 이르렀고 수천 명의 신자가 형성되므로 신자들을 돌아보기 위하여 목회치리 정책을 사용하지 않을 수 없었다.265)

웨슬리에게 있어서 신도회에는 엄격한 규칙이 있었고, 신도회가 훗날 감리교라는 교단으로 발전하였다. 성결교회의 기원이 되는 복음전도관266)은 성결의 복음을 만민에게 선포할 목적으로 어느 교파의 설립이나, 간접 전도가 아닌 '직접 복음 전도'를 전도방법으로 활동하였다.267) 이것이 신도 수의 증가로 교단을 형성하게 되었다. 이 같은 점을 볼 때 성결교회의 창립 경위는 웨슬리의 메소디스트가 조직될 때와 유사하며, 외국에 있는 기성교회(장로교회나 감리교회, 침례교회)들처럼 기성교회의 정책에 따라 교회를 시작하는 경위와는 달랐다. 교회의 조직과 제도는 선교를 하기 위하여 불가피하게 점차로 제정되어 마침내 하나의 교단이 되었다.268)

(2) 치리의회

김상준, 정빈 두 사람에 의하여 1907년 5월에 설립된 '복음전도관'은 14년 동안 아무 조직도 없이 전도에만 주력했다. 그러다가 1921년도에 길보른 총리가 한국에 주재하게 되면서부터 교회가 조직이 되고, 그해에 '교역자 간담회'를 발족하여 1923년까지 지내

---

264) Ibid.
265) 이천영, op. cit., p.36.
266) 기독교 대한 성결교회, 「헌법」 (서울: 기독교 대한 성결교회 총회본부, 1988), p.15.
267) 기독교 대한 성결교회 역사 편찬 위원회, 「성결 교회사」 제1집 (서울: 기독교대한성결교회 70주년 기념사업 역사편찬위원회, 1981), p.20.
268) 조종남, op. cit., p.245.

왔다. 1924년부터 1928년까지는 '교역자회'라는 이름으로 내려왔으나, 정치적인 활동은 하지 못하였다. 그러나 1929년에 이르러서 '연회'를 창립하게 되면서 폭넓은 활동을 하게 되었다.

이로써 1907년 5월 무교동에 '복음전도관'을 창설한 뒤, 만 22년 만에 '연회'가 창립되었고, 이 연회로써 성결교회의 교역자들이 비로소 참의의 특권을 가질 수 있게 되었다. 이 창립연회에서 다음의 사항을 결의하였다.[269]

① 음력 정월과 7월에 사경회와 대전도회를 개최한다.

② 금년 1년 동안에 한 교회에서 한 개의 지교회를 신설한다.

③ 재단법인 이사 가운데 한국사람 이사를 세운다.

④ 중앙 사무국을 설치한다.

⑤ 재판법을 제정 공포한다.

⑥ 진남포, 웅기, 청주, 상주, 이리에 교회를 새로 개척한다.

1929년에 조직된 연회가 제4회에 이르렀을 때, 연회 대의원 전체 의견에 따라서 '성결교회 총회'를 창립할 것을 만장일치로 결의하였다. 이로써 1933년 4월 11일 오후 7시에 '경성 성서학원' 대강당에서 이명직 목사의 사회로 '한국 성결교회 창립총회'가 개최되었다.[270] 1940년 일제의 강요로 주한 선교사들이 자기 나라로 들어감을 계기로 성결교회는 자립하는 교회가 되었다.[271] 해방 후 교회의 명칭을 기독교대한성결교회로 하였고[272], 교회의 정체는 신앙양심을 기초로 한 대의제도로 하기에 이르렀다.[273]

---

269) 안수훈, op. cit., pp.120 – 121.
270) Ibid., p.131.
271) Ibid., p.15.
272) Ibid., p.16.

우리나라 장로교회에서는 당회, 노회, 총회 3단계의 치리 기관을 두어 교회를 치리하고, 감리교회에서는 당회, 구역회, 지방회, 연회, 총회 등 5단계의 치리 기관을 두어 교회를 치리하고 있다. 성결교회에서는 당회, 지방회, 총회 등 3단계의 치리 기관을 두어 교회의 조직을 치리하고 있다.274)

웨슬리에게 있어서 연회는 그의 목회 사역 전체를 움직이고 목회훈련을 시키는 최고의 의결기관이었다. 그의 목회훈련의 의도는 교회 및 교단형성이 아니고, 교회 안의 작은 교회로서 그가 이끄는 메소디스트가 사명을 감당하기 위함이었다. 나아가 오늘의 성결교회는 옛날의 복음전도관이 아니다. 한국의 장ㆍ감ㆍ성 3대 교단의 하나가 되었다. 제102년차(2008년)총회에 보고된 것을 보면 교회 6,232 교인 763,971명 신자를 소유한 대교단이다. 단지 아쉬운 것은 신학은 웨슬리신학이면서275) 치리의회는 장로교와 흡사한 점이다. 대의제도에 입각한 직원의 선출이나 치리회의의 단계적 구성들이 매우 비슷하다. 이 점은 성결교회가 장로회의 치리의회를 받아들였음을 보여 주는 것이다. 교회조직에 대한 웨슬리 입장에 대하여 재조명이 필요하고, 오늘의 성결교회에 그 실천이 혁신적으로 요청되어진다.

---

273) Ibid., p.18.
274) 안수훈, 「한국 성결교회 성장사」 (로스앤젤레스: 기독교 미주 성결교회, 1981), p.11.
275) 서울 신학대학 교육이념과 신조를 보면 "서울 신학대학은 기독교 대한 성결교회의 전통과 교리에 입각하여 기독교 교역자 및 지도자를 양성하는 복음주의 기관으로서 신학과 성서해석에 있어서 웨슬리의 정신으로~교육이념으로 삼는다.
서울신학대학, 「89-90 요람」 (부천: 서울신학대학, 1989), 서울신학대학 교육이념.

b. 내 용

(1) 하나님 말씀

성결교회는 헌법에서 성경에 대하여 다음과 같이 정의하고 있다.

우리 교회의 경전은 성경전서, 곧 구약과 신약이니 이 경전은 하나님의 계시를 받은 자들이 영감에 의하여 기록한 것인즉 이는 하나님의 말씀됨을 믿나니 성경은 모든 사람을 구원하기에 넉넉하므로 무릇 성경에 근거하지 않은 신학설이나, 여하한 신비설이나, 체험담은 신빙할 수 없으며 이런 것을 신앙의 조건으로 하거나 구원의 필요로 함을 배격한다.[276]

이와 같이 성결교회는 성경의 권위를 강조하고, 목회에 중요한 텍스트로 보는 것이다. 또한 성경은 신앙생활과 교회생활의 규범이된다. 성경해석에 있어서도 "성경을 성경으로 해석"[277]하나, 하나님의 말씀으로써 실제생활에 관심을 가지고 해석된다. 따라서 하나님 말씀인 성경에 대한 비판 연구는 기피되어 왔다. 성결교회 헌법에서는 성경을 해석하는 것에 대하여 다음과 같이 규정하고 있다.

성경전서는 우리 신앙의 표준이며 교회 정치제도와 신도생활의 규범이다. 성경을 해석할 때는 성경 전체에 일관된 복음으로 할 것이요, 어느 일부분의 구절로 자기의 학설이나 체험을 해석하는 것은 불가하며, 또는 성경의 묵시됨을 부인하거나 비평적으로 해석하는 것은 용인하지 않는다.[278]

---

276) 「헌법」, p.19.(제5조 1항)
277) 이러한 방법은 17C후 18C초의 사람들이 많이 사용하였다.
278) 헌법, p.19.(제5조 2항)

이와 같은 성경에 대한 입장은 성결교회 창설 당시부터 강조되었다. 이것은 성결교회의 산파 역할을 한 동양선교회의 신조279)이자 강조점이기도 했다. 어떤 면에서 초대 성결교회에서는 성결만을 강조한 나머지 다른 신학서적이나 세속의 글들을 읽고 공부하는 것을 권장하지 않은 경향이 많았다. 그리하여 당시의 교역자 양성기관이었던 경성 성서학원280)에서의 교과 과정이 거의 성경 과목이요, 타 학문 분야의 학과목은 거의 없었다. 오로지 성경만을 읽고 공부하라고 권장하였다. 이것은 웨슬리가 말한 '한 책의 사람'을 잘못 이해한 데서 기인하였다고 본다.

웨슬리가 성서를 사랑하기를 "오! 주여! 그 책을 나에게 주십시

---

279) 동양선교회의 신조는 세계 복음파교회 신조를 발췌한 것인데 간략하게 소개하면 다음과 같다.
① 성경의 전체 영감을 믿는다.
② 삼위일체 하나님을 믿는다.
③ 인간의 타락과 하나님의 은총으로 거듭남을 믿는다.
④ 그리스도의 보혈로 속죄함을 믿는다.
⑤ 믿음으로 의롭다 함을 믿는다.
⑥ 중생 후에 믿음으로 순간적 성결과 원죄의 씻음을 믿는다.
⑦ 크리스천의 신유의 특권을 믿는다.
⑧ 몸의 부활을 믿는다.
⑨ 천 년 전 재림을 믿는다.
⑩ 구원받은 자의 영생과 구원받지 못한 자의 영멸을 믿는다.
이러한 신조는 극단적인 근본주의 노선도 아니고 자유주의 노선도 아닌 복음주의 신앙 노선을 따라 영혼 구원을 목적으로 하여 확립된 것임을 알 수 있다.
이천영, op. cit., pp.22 - 23. Evangelical Alliance 신조의 영향이 크다고 본다.
cf. F. C. Cross, ed. The Oxford Dictionary of the Christian Church, pp.477 - 478.
280) 1911년 3월 13일 전도관을 임시교사로 하여 경성성서 학원이 설립되었으며 초대 원장은 토마스 목사였다. 안수훈, op. cit., p.101.

오. 어떤 대가를 치르더라도 하나님의 책을 가져가야겠습니다."281) 라고 하였듯이 성결교회는 그의 역사에서 "성경"을 간직하려고 노력하였다. 예를 들면 1940년대의 일제 말엽에 조선총독부가 당시의 한국 기독교회의 경전에서 구약을 폐기케 하려고 종용 내지 강요한 적이 있었다. 그때 교단 존폐의 위험을 무릅쓰고 강력하게 반대한 것이 바로 성결교회였다.282)

성경을 사랑하며, 성경의 순수성을 그대로 지켜보려고 한 것이 성결교회 초창기 지도자들의 한결같은 특징이었다. 오늘날 성경 중심의 신학, 설교, 목회를 강조하는 그 전통은 귀하게 계승되어야 할 것이다. 왜냐하면 교회가 성서의 권위에 대하여 흔들릴 때에는 교회의 기반이 흔들리며 '복음의 능력'도 희미하게 되기 때문이다. 그러므로 이 유산을 꽃피우기 위하여 성서를 사랑하고 아끼는 열정과 함께 목회현장에서 충분한 규칙과 유일한 규칙으로 받아들여 목회에 하나님의 뜻이 성취되도록 해야 할 것이다.

(2) 성례전

웨슬리는 예수께서 친히 실례로 보여 주셨듯이, 세례란 모든 신자들에게 필수적으로 임하는 하나의 은혜의 수단으로 생각했다.283) 그는 성례전으로서의 세례는 일반적인 의미에서 "교회 또는 천국에 들어가는 유일한 수단"284)이라고 믿었다. 성결교회는 헌법에서 세례에 대하여 정의하길 "세례는 주 예수가 하나님의 아들이요, 우리의 구주로 믿음과 죄 사함을 받아 하나님의 자녀 됨

---

281) Sermons, Ⅰ, p.32.
282) 고 이명직 목사님의 증언.
283) Works, Ⅹ, p.188.
284) Ibid., p.192.

을 증거하는 표가 되는 성례"285)라고 하였을 뿐만 아니라 "세례란 신자가 회개하여 그리스도의 이름으로 죄 사함을 받아 중생하므로 교회에 속함을 받는 예식"286)이라고 하였다. 즉 성결교회는 세례를 '교회의 속함을 받는 예식과 하나님의 자녀 됨을 표하는' 예식으로 보는 것이다. 웨슬리는 세례가 주는 혜택에 대하여 다음과 같이 말하였다.

> 우리는 세례를 통하여 말씀하신 그리스도 곧 하나님의 새로운 언약 안에 접붙임을 받는다. 곧 그리스도의 몸 안에 받아들여진다.287)

성결교회는 학습·세례 문답집에서 세례가 주는 혜택을 다음과 같이 보았다.

① 세례를 받으면 교회의 정회원이 되며, 정회원은 교회 헌법에 따라 교인으로서의 의무와 권리를 행사하게 된다.

② 신자는 세례를 받음으로써 구원의 확신과 거듭난 체험을 증거하게 된다.

③ 세례를 받음으로 가장 귀한 예식인 성찬예식에 참여하게 된다.288)

그러므로 성결교회는 세례에 참여할 수 있는 사람의 자격에 대하여 "본 교회의 교인은 신입교인이 공예배에 참석하는 중 회개하고 중생한 증거가 확실할 때에 세례를 베푼다.289)

---

285) 「헌법」, p.30.
286) Ibid., p.28.
287) Works, Ⅹ. p.191.
288) 기독교 대한 성결교회 출판부, 「학습·세례 문답집」 (서울: 기독교 대한 성결교회 총회본부 교육국, 1985), p.30.
289) 「헌법(2007)」, p.9.

웨슬리는 성만찬을 신앙을 견고케 하는 예전이며 회심을 재촉하는 예전으로 보고 그는 성만찬을 회심케 하는 의식(Converting Ordinance)이라고 하였다.[290] 그는 성만찬을 중요한 은혜의 수단으로 보았다.[291] 성결교회는 헌법에서 성만찬을 다음과 같이 정의하고 있다.

> 성찬은 우리의 속죄 제물 되신 예수 그리스도의 살과 피를 기념하기 위하여 떡과 포도즙을 받는 예식이다.[292] … 성찬은 주 예수께서 친히 세우신 예식이니 곧 그리스도께서 우리의 죄를 대속하시기 위하여 십자가 위에서 몸을 찢으시고 피 흘리심을 기념하여 우리의 신앙을 깊게 하는 예식이다.[293]

성결교회는 성만찬을 예수 그리스도의 피 흘리심을 기념하여 우리의 신앙을 깊게 하는 예식으로 보며 나아가 웨슬리가 성만찬을 단순한 '기념'이라는 해설에 반대하였듯이, 성결교회도 성만찬을 단순한 기념으로 보지 않는다. 따라서 합당한 수찬자가 믿음으로 받을 때 그는 자기의 필요한 은혜를 받는 것이다. 여기서 수찬자의 자격이 문제가 된다. 성결교회는 수찬자의 자격에 대하여 "세례교인으로, 신앙양심에 거리낌이 없는 자"[294]라고 말하고 있다. 성만찬은 목회훈련의 내용으로 성도에게 가시적 설교가 되어야 할 것이다.[295] 이 가시적 설교는 믿음과 행동으로 받아들여져야 하고, 하나님의 공동체인 교회에서 올바로 집례되어야 할 과제를 갖는다.

---

290) Charles W. Carter, op. cit., Ⅱ, p.617.
291) Sermons, Ⅰ, p.242.
292) 「헌법」, p.28.
293) Ibid., p.30.
294) 「예식서」, p.36.
295) Letters, Ⅶ, p.382.

이상의 내용을 요약하면, 세례는 교회가 어떤 사람을 구별하여 세례받도록 함으로써 그리스도의 몸인 은혜의 왕국 안으로 편입시켜, 객관적으로 이미 주어진바 구속의 복음에 대하여 하나님을 대신하여 증거하는 행동이다. 성결교회는 세례를 교회에 속함을 표하는 예식과 하나님의 자녀 됨을 표하는 예식으로 보았고, 성만찬을 '예수 그리스도의 피 흘리심을 기념하여 우리의 신앙을 깊게 하는 예식'으로 보고 있는 것이다. 이 성례전은 성결교회의 목회훈련의 중요한 장으로, 보이는 말씀으로 구현되어야 할 것이다. 그러기 위해서는 세례, 성만찬에 대한 좀 더 깊은 신학적 입장 표명과 합당한 집례를 위하여 '규칙'의 제정이 요구된다 하겠다.

2. 목회훈련의 방법

a. 지도원리

성결교회는 헌법에 아래의 일곱 가지를 지도 원리로 채택하고 있다.[296]

① 우리는 신구약성경을 경전으로 하되 특히 중생, 성결, 신유, 재림을 성경해설의 요제로 한다.
② 우리는 그리스도를 머리로 하는 교회를 설립한다.
③ 우리는 사도신경을 신앙의 근간으로 하고 성경을 진리의 대해로 하여 영적인 발전을 도모하기로 한다.
④ 우리 교회의 정체는 신앙양심을 기초한 대의제도로 한다.

---

296) 「헌법」, pp.18 - 19.

⑤ 우리는 예배가 인간이 하나님께 대한 최고 행위로 알아 모일 때마다 엄숙하고 경건하게 거행한다.

⑥ 우리는 신자들로 하여금 그리스도의 복음과 성경의 교훈으로 지·정·의가 겸전한 인격으로 성장하게 하여 성결의 체험을 받도록 지도한다.

⑦ 우리는 설교와 문서로 복음 선교에 주력하는 동시에 모든 실제 생활로써 시범하기를 힘쓴다.

이와 같은 지도 원리를 구현하기 위해서는 적절한 목회훈련이 요망된다. 사실 성결교회는 감리교나 장로교에 비하여 순수한 복음적 사명 그것도 간접 전도가 아닌 직접 전도[297]의 사명이 주어져 있다고 믿어 오는 좋은 전통이 있다.

b. 지도자 훈련

(1) 목 사
(a) 목사의 정의

교회는 예수 그리스도에 대한 진리를 위주로 하는데 이에 대한 주무를 관장한 자는 사도였다. 그들은 주님 당시에 있었던 임시적이고 특수한 임무의 직분이었다. 사도직은 끝났으나 주님의 교회는 영원토록 지속된다. 주님이 피로 값 주고 사신 백성을 다스려야 할 직책이 요청되었다. 그 직분이 목사이다. 그러므로 목사직의 근원은 오직 예수 그리스도에게 있다. 목사의 어원은 에베소서 4장 11절[298]에서이다. 사도들의 하는 일이 계속성이 있어야 히는데

---

297) 이명직, "개인전도에 대하야", 「활천」 제56호 (1927. 7), pp.9 – 12.
298) 엡 4:11 "그가 혹은 사도로 혹은 선지자로 혹은 복음 전하는 자로 혹은 목사와 교사로 주셨으니"

아무나 사도가 될 수 없는 처지라서 또 다른 이름이 필요하였다. 가장 적절한 이름이 '목자'인데 이는 구약시대부터 내려온 양 무리의 지도자이다.299)

목사직의 명칭은 다양하다. 그리스도의 양 무리를 살피는 자이므로 감독(딤전 3:1)이라는 명칭을 비롯하여, 장로(딤전 5:7), 교사(엡 4:11) 등 다양하다. 이 명칭들은 사역의 성격에 따라 목사에게 주어진 것이다. 성결교회 헌법에 목사를 정의하길 다음과 같이 정의한다.

> 목사는 안수례를 베풀어 세운 성직이니 그 지위를 말하면 사도시대의 교회의 감독이요, 목사요, 장로(행 20:17-28)라 함과 동일하니 금일 교회 내에서 가장 신성하고 존귀한 직분으로서 광의적으로는 그리스도의 사신이요, 복음의 사신이며(고후 5:20, 엡 6:20), 교회의 사자이며(계 2:1), 신앙과 진리의 교사이며(딤전 2:7, 딤후 1:11), 신약의 집사요(고후 3:6), 복음의 제사장이다(롬 15:16). 이 같은 여러 명칭으로 부르는 것은 무슨 계급을 가리킴이 아니요, 그 책임을 다방면으로 설명함이다. 그런 명칭을 가진 자인 고로 사회는 저를 선생이라 부르나니 그 직분의 존귀함을 생각하여 안수를 신중히 하여야 한다(딤전 5:22).300)

(b) 목사의 자격

성경에서는 목사의 자격에 대하여 디모데전서 3:1-7과, 디도서 1:5-9와 베드로전서 5:1-3절에서 다음과 같이 제시하였다.301)

* 디모데전서 3:1-7

1) 책망할 것이 없고(3:2)

---

299) 손병호, 「교회 정치학원론」 (서울: 양서각, 1984), pp.181-182.
300) 「헌법」, p.46.
301) 이상찬, 「교회직분론; 목사, 장로, 집사」 (서울: 한국 보수신학회, 1984), pp.48-50.

2) 한 아내의 남편(3:2)

3) 절제하며(3:2)

4) 근신하며(3:2)

5) 아담하며(3:2)

6) 나그네를 대접하며(3:2)

7) 가르치기를 잘하며(3:2)

8) 술을 금하며(3:3)

9) 구타하지 아니하며(3:3)

10) 관용하며(3:3)

11) 다투지 아니하며(3:3)

12) 돈을 사랑치 아니하며(3:3)

13) 자기 집을 잘 다스려 자녀들로 모든 단정함으로 순종케 하는 자(3:4)

14) 새로 입교한 자도 말지니(3:16)

15) 외인에게도 선한 증거를 얻은 자라야 할지니(3:7)

* 디도서 1: 5 - 9

16) 제 고집대로 하지 아니하며(1:7)

17) 급히 분 내지 아니하며(1:7)

18) 더러운 이를 탐하지 아니하며(1:7)

19) 선을 좋아하며(1:8)

20) 의로우며(1:8)

21) 거룩하며(1:8)

22) 미쁜 말씀의 가르침을 그대로 시켜야 하고(1:9)

23) 바른 교훈으로 권면하고(1:9)

24) 거슬러 말하는 자들을 책망하게 하고(1:9)

* 베드로전서 5:1 - 3

25) 부득이함으로 하지 말고 오직 하나님의 뜻을 좇아 자원함으로 하며(5:2)

26) 즐거운 뜻으로 하며

27) 주장하는 자세로 하지 말고(5:3)

28) 양 무리의 본이 되라(5:3)

상기한 목사의 자격은 바울과 베드로가 가르쳐 준 것으로 28가지의 자격을 말하고 있다. 성결교회 헌법에 목사의 자격을 보면 다음과 같다.302)

가. 서울신학대학교 대학원, 신학대학원, 목회대학원 및 선교대학원에서 석사학위를 취득하고 교역자과정을 이수한 자로 본 교회에서 전담전도사이면 4년, 단독목회이면 2년간의 목회경력이 있으며 연령이 28세 이상된 자로 한다.

(1) 십자군전도대 2년과 전담전도사 시무 1년 이상된 자와 특수전도기관 4년 이상된 자.

(2) 본 교회에서 장로직으로 5년 이상 시무하고 서울 신학대학교 대학원, 신학대학원, 목회대학원 및 선교대학원, 목회신학연구원 졸업 후 단독목회경력 1년 이상된 자.

(3) 총회에서 인정하는 특수기관에서 시무한 자.

(4) 목회신학연구원을 수료한 자.

나. 교육목사는 서울신학대학교 대학원에서 기독교교육을 전공하고 교역자과정을 이수한 자로서 본 교회에서 5년 이상 교육전도사로 시무한 경력이 있으며 연령 28세 이상된 자.

---

302)「헌법(2007. 6월)」제43조 2항 자격

다. 음악목사는 서울신학대학교 대학원에서 교회음악을 전공하고
  교역자과정을 이수한 자로서 본 교회에서 5년 이상 음악전도
  사로 시무한 경험이 있으며 연령이 28세 이상된 자.
라. 부지런하여 구령의 열심이 있는 자.
마. 교회를 영적으로 인도하고 처리할 만한 능력이 있는 자.
바. 신앙이 순수하여 이단을 분별할 수 있는 식견과 과감성이 있
  는 자.
사. 말과 행실과 사랑과 믿음과 깨끗함으로써 모든 믿는 자에게
  본이 되는 자(딤전4:12).
아. 재물에 대하여 청렴한 자
자. 교회나 사회에서 비판을 받는 일이 없는 자.
차. 가정이 화합하고 자녀를 성경적으로 지도하며 이혼한사실이
  없는 자.
카. 타 직업을 겸하지 않고 전적으로 헌신하는 자.
타. 배우자와 직계가족이 이단사이비교파에 관계되지 않은 자.
파. 목사안수 청원절차는 시행세칙으로 정한다.

성결교회의 목사 안수 자격 중에 단독목회는 서울신학대학을 졸
업하고 목사가 되려면 전도사로서 누구나 신개척 교회를 세워야
한다는 선교적 정신에서 나온 법조문이다. 그러나 이런 조문은 신
학대학을 갓 졸업하고 나온 전도사들에게는 대단히 어려운 이행
조건이라 말하지 않을 수 없다. 그리하여도 이 법조문은 성결교회
를 성장하게 하는 좋은 조문이라고 생각된다. 신학대학을 졸업하
고, 목사가 되려고 하는 전도사들에게는 쉽거나 어렵거나 교회를
개척하고, 단독목회 2년의 경험을 해야 한다. 만일, 제힘으로 개척
이 어려운 경우에는 어느 교회가 신개척 교회를 설립해서 전도사
로 청빙을 해 주든지, 아니면 이미 세워진 교회의 단독 목회자로
청빙을 받아야 한다.303) 문제는 신학내학에서 목회를 목적으로 하

는 신학도들에게 학교 측에서 미리 교회설립에 대한 목회 교육을 철저히 시키고, 졸업한 뒤에 자신을 갖고 신개척에 임할 수 있도록 훈련을 시켜야 한다는 것이다. 만약에 목회훈련이 전혀 되어 있지 않았는데 단독목회자로 사역을 하게 된다면, 목회는 주먹구구식이 될 수밖에 없고, 본인이나 교회를 위해서나 하나님께 영광이 되지 못할 것이다. 그러므로 총회는 단독목회 제도를 효과적으로 운영하여 교단발전을 꾀하는 한편 철저한 목회훈련의 기회로 삼아야 할 것이다. 이에 대한 총회적 차원의 단독목회자를 위한 목회훈련 프로그램 제시가 제도적으로 마련되어야 할 것이다.

(c) 목사의 임무와 권한

목사는 설교를 하고 성경을 가르치며, 예배를 주장하고 성례전을 집행하며, 장로와 협동하여 교회를 치리하고 신자를 심방하며, 불신자에게 전도하고 과부, 고아, 고독한 사람과 빈궁한 사람을 돌보아야 한다.[304] 더 나아가 권한으로는 지교회의 당회, 직원회, 사무 총회의 의장이 되며, 본 교회의 감찰회, 지방회, 총회의 의장이 되며 경우에 따라서는 사회를 위임할 수 있다.

지금까지 목사의 정의, 자격, 그리고 임무와 권한을 살펴보았다. 웨슬리의 목회훈련에 비추어 볼 때 목사의 훈련이 절실히 요청된다. 목사라고 훈련에서 제외될 수 없는 것이다. 왜냐하면 막중한 임무와 권한을 소유하고 있으면서 훈련되지 못한다면 본인과 교회를 위하여 아무 이득이 없기 때문이다. 이를 위하여 목사의 계속교육(연장교육)이 절실히 요청된다.

---

303) 안수훈, op. cit., p.264.
304) Ibid., p.47.

(2) 장 로

(a) 장로 직의 기원

장로의 기원을 살펴보면 그리스도 교회의 장로 직은 유대인 회당에서 쓰인 호칭으로 유대교회 장로 직에서 도입된 것이다.305) 성경에 장로라는 칭호가 최초로 창세기 50장 7절에서 소개되었다.306) 그리스도교 교회의 장로는 안디옥 교회의 형제들이 클라우디우스 황제 때 흉년을 만나 고생하는 유대지방의 형제들을 돕기 위해서 구호금을 모아 예루살렘 교회에 보낸 일이 있는데 그때 구호금을 인수한 사람들이 바로 장로였다.307)

(b) 장로의 자격

성결교회 헌법에 장로의 자격을 다음과 같이 제시하였다.308)

① 연령이 35세 이상 되는 자로, 신자의 의무를 다하고 그 생업이 정당하며, 처자가 순복하고 그 가정이 교회생활에 성실하며 덕망이 있는 자.

② 본 교회의 집사 근속시무 7년, 안수집사는 근속 2년이상 된 자로 십일조 헌금을 이행하는 자, 단, 본 지교회나 복음주의 타 교파에서 동등 경력으로 전입한 자는 본 지교회 집사 근속시무 2년을 경과하여야 한다.

③ 그 성품이 원만한 인격을 가진 자.

④ 은혜의 경험이 명확하고 성결의 생활을 하는 자.

⑤ 성경지식과 임직에 상당한 사명이 있으며 대중을 통솔할 만

---

305) 이상찬, op. cit., p.98.
306) Ibid., p.96.
307) 행 11:30.
308) 「헌법」, pp.40 - 41.

한 능력과 학식이 있는 자.

⑥ 파산받을 만한 부채가 없는 자.

(c) 장로의 권한

ⅰ) 목사와 장로의 차이: 목사와 장로의 차이는 지위가 아니고, 목사가 장로와 달리 더 받은 부가적인 은사(예배인도와 설교) 때문이다.

ⅱ) 목사와 장로의 동일: 장로는 "교인의 택함을 받은 대표로 목사와 협동하여 행정을 관리하며 권징을 치리하고, 각급 치리회에서 목사와 같은 권한으로 회무를 처리한다."[309] 라고 헌법에 명시되어 있다. 이 사역상 동등 교리는 중세 때 교회의 계급적 사제주의로 말미암은 교권 횡포를 개혁하기 위한 개혁자들의 성경적 교리이다.

(d) 장로의 직무[310]

ⅰ) 권징의 치리: 장로는 교인의 택함을 받은 대표로 목사와 협동하여 행정을 관리하며 권징(勸懲)을 치리하는 직무가 있다.

ⅱ) 회무처리: 장로는 각급 치리회에서 목사와 같은 권한으로 회무를 처리한다.

ⅲ) 위로하고 권면: 영적 상태를 돌보아 심방하며, 도리상 오해나 도덕상 부패를 일으키지 않기 위하여 당회로나 개인으로 위로 권면한다.

---

309) 「헌법」, p.41.

310) Ibid.

장로는 웨슬리에게 평신도 보조자와 유사하다. 웨슬리는 평신도 보조자를 대단히 중히 여겨 철저한 확인과 감독 그리고 규칙 제정과 엄수를 실시하였다. 이를 비추어 보건대 오늘날 성결교회가 장로 직에 대한 새로운 반성과 목회적 훈련이 필요하다 하겠다.

(3) 권 사
(a) 권사 직의 기원

성결교회가 직원으로 여기는 권사 직에 대한 성경적인 근거를 찾아내기 어렵다. 권사 직은 성경적인 근거에서 제정된 직제이기보다는 역사적인 필요에서 제정된 교회직제이다. 웨슬리가 가변적 은혜의 수단으로 여러 평신도 지도자를 두었던 것을 생각하면 쉽게 이해될 것이다.

(b) 권사의 자격

성결교회 헌법에 의하면 권사의 임무는 "당회의 지도하에 교역자를 도와 신자의 영적 상태를 돌아보며, 우환질고와 낙심 중에 있는 자를 권위하며 불신자에게 전도한다."[311]라고 하였다. 이와 같은 임무를 감당하기 위하여 권사의 자격은 매우 중요하며 그 자격은 다음과 같다.

① 권사는 본 교회 집사로서 7년 이상 근속한 연령 45세 이상 된 자로 하며, 타 지교회에서 전입한 권사는 해 지교회에서 1년 이상 경과한 후 당회 결의로 봉직하게 된다.
② 권사는 본 교회의 교리와 성치에 순종하며, 십일조 헌금을 바치는 자로 한다.

---

311) Ibid., p.40.

(4) 집 사

(a) 집사 직의 기원

집사라는 말의 희랍어는 디아코노스(διακονοσ)이다. 이 단어는
세 단어가 합해서 된 명사이다. 디아(δια)는 전치사로 '통하여'의
뜻이고, 콘(κον)은 '먼지' 또는 '진흙탕'이고 오스(οσ)는 '대역자'(代
役者), '사역자(使役者)'라는 뜻으로 디아코노스는 세 단어가 합해
서 된 명사이다. 그러므로 집사의 어원적 의미는 "먼지 속에서 왔
다 갔다 하면서 일하는 일꾼"을 뜻한다.[312]

신약의 초대교회가 오순절 이후 크게 부흥케 되어 기독교 신도
의 수가 증가함에 따라 사도들이 기도하는 것과 말씀 전하는 것에
전념하게 되었다. 그때에 헬라파 유대인들이 자기의 과부들이 매
일 구제에 빠지므로 히브리파 사람을 원망하게 될 때 사도들이 하
나님의 말씀을 제쳐 놓고 물질 공궤를 일삼는 것이 마땅치 아니하
다 여겨 믿음과 성령의 충만한 사람 일곱을 선택하니 이것이 집사
의 기원이다.[313]

(b) 집사의 자격

성결교회 헌법에 정한 바에 의하면 집사의 자격은 성경이 규정
하고 있는 것 이상을 요구하고 있지 않다.

① 정회원 중에 신앙이 독실하며 덕망이 있으며, 상식이 충분하
　고 은혜의 경험이 명확한 자.

② 본 교회의 교리와 정치를 알아 순종하고 그 직업이 정당하
　며, 십일조를 바치며, 연령은 22세 이상 된 자[314].

---

312) 이상찬, op. cit., p.111.
313) 행 6:1 - 7.
314) 「헌법」, pp.38 - 39.

(c) 집사의 직무

집사는 "초대교회가 집사를 세워 공급하는 일을 하게 함과 같이"315) 하여 세운 직제로 그 직무는 "당회의 지도하에 교회 제반 사무를 분장하며 예배석을 정리하며 교역자를 도와 신자들의 가정을 심방하며 환란 중에 있는 자를 돌보는 것"316)이 기본 임무이다. 그 직무들을 좀 더 살펴보면 다음과 같다.

첫째, 집사는 성도들을 위해서 봉사해야 한다. 집사는 교회에서 헌금위원과 안내위원으로 봉사해야 하며, 어렵고 불쌍한 자를 돌아보는 것과, 신ㆍ불신자를 막론하고 구제하는 일을 힘써야 한다.

둘째, 직원회 회원으로 봉사해야 한다. 직원회는 교회의 재정을 주관하며, 교회의 사무, 유지, 관리 운영 면에서 교회에 봉사한다.

셋째, 목회자의 좋은 협력자가 되어야 한다.

c. 목회훈련 프로그램

(1) 목회훈련 프로그램 개발을 위한 지침들

신자들이 더욱 하나님께 헌신하도록 하기 위해서는 목회훈련 프로그램 개발이 요청된다. 이런 모든 것들은 단지 학술적인 연구로서 끝나지 않는다. 실제 생활에 반영될 수 있는 것이어야 할 것이다. 앨빈 린그린(Alvin J. Lindgren)은 '선교를 위한 일반 신도 훈련의 방법'에서 다음의 세 가지를 지적하였다.317) 첫째로, 기독교 신앙의 의미를 이해하는 데 개인적인 성장의 경험을 갖게 하라.

---

315) Ibid.
316) Ibid., p.39.
317) Alvin J. Lindgren, 「교회개발론」 박근원 역 (서울: 대한 기독교 출판사, 1982), pp.194 - 223.

둘째로, 가장 유능한 평신도 지도자를 발굴하고 이용하라. 셋째로, 과제 성취를 위하여 평신도를 훈련시켜라.

목회훈련이 가능하기 위해서는 '성경적인 권위'에 대한 이해가 전제되지 않고는 어렵다. 제이 E. 아담스(Jay E. Adams)는 성경적인 권위 확립을 위하여 다음과 같이 피력하였다.318)

① 그리스도께서 그의 목자들에게 부여해 주신 교회 구성원들이 그들을 존중해 주기를 기대한다면 지도자들은 그렇게 하도록 가르쳐야 한다. 오늘날 교회 안에 만연된 권위에 대한 존중심의 결핍은 이면에 있어서 교역자가 감당해야 할 교육적인 사명이 크다는 사실을 밝히 증거해 준다. 그리스도로부터 권위를 받았다는 것은 권위에 대한 가르칠 책임이 있음을 의미한다(딛 2:15).

② 그리스도께서는 교회원들이 자기 목자들에게 순종하기를 기대하신다면 목자들은 그 권한을 활용해야 한다. 설교만 하고 '바리새인들처럼' 행동할 것이 아니라 그리스도처럼 '권위 있게' 해야 한다. 즉 권한을 가지고 있다면 조심히 그러나 과감하게 충분히 그리고 확실하게 사용해야 한다.

③ 그리스도께서는 목자에게 그의 양들을 인도하도록 위임하셨으며 그 지도를 양들이 따라 주기를 기대하고 계신다면 복음의 사역자는 진정한 목회지도력을 발휘해야 한다. 말하자면 이 리더십은 인격적이면서 참여적이어야 한다는 말이다. 즉, 리더십이 필요하다는 말은 그리스도인의 생활 속에서 거룩하게 생활하며 본을 보일 필요가 있다는 뜻이다. 권위는

---

318) Jay E. Adams, 「성공적인 목회 지도」 정삼지 역 (서울: 기독교 문서 선교회, 1988), pp.23 – 25.

그 권위에 순종하는 삶을 사는 사람들에 의해서 채워져야 한다.

④ 지도자가 성경적인 지도력을 권위 있게 발휘하기를 원한다면 성경을 알아야 하고 깊이 있게, 충실하게 성경을 가르쳐야 한다. 지도력과 권위는 성경에 대한 지식과 지혜를 소유한 목자를 필요로 한다는 의미이다.

⑤ 만일 강력하게 지도력을 발휘하기를 원한다면 성경의 원리를 따라 모든 계획과 프로그램과 행정적인 활동을 후원해야 한다. 다시 말해서 관습과 전통만으로 결코 만족할 수 없으므로 지도자로서, 말하고 행동하는 모든 것을 하나님의 말씀의 빛 가운데서 연구하고 물어보고 검토하며 다시 점검해 보아야 한다.

⑥ 지도자는 자신의 행동에 대해 성경적인 뒷받침을 확신할 수 없다거나 신앙이나 생활문제에 관해 성경의 가르침을 확실히 알 수 없는 가설적인(그릇될 수도 있는) 문제에 대해서 맹종을 요구해서는 안 된다. 그러므로 지도자가 권위를 사용할 경우 잘 분별해야 하며 사려 깊은 판단을 해야 한다. 목회 활동에 필요한 권위와 지도력이 양 떼를 섬기기 위해 있을 뿐만 아니라 전적으로 양 떼를 위해 존재하므로 양 떼의 유익과 복지를 위해 사용되어야 한다. 그리고 모든 양 무리로 하여금 은혜 가운데서 자라 갈 수 있도록 격려해 주는 방편이 되어야 한다. 권위와 리더십은 양 떼와 그 안에 속해 있는 각 양들의 번영을 위해 사랑 가운데서, 조심스럽게 염려하는 가운데 사용되어야 한다.

⑦ 모든 권위는 그리스도의 권위이므로 그의 이름으로 그의 영

광을 위해 사용되어야 한다. 즉 권위가 사용될 때마다 그리스도의 영광을 목적으로 삼아야 한다.

또한 목회훈련은 웨슬리가 교회 지도자로 평신도를 대거 훈련시켜 파송함으로 자신의 사역을 성공적으로 이끌었던 것을 유념해야 할 것이다. 만약에 목회자가 혼자서 전교인이 해야 할 일을 다 하게 되면 다음과 같은 실패를 야기할 것이라고 제이 E. 아담스는 주장하였다.319)

① 전 교인이 사역에 참여하므로 받게 될 그리스도의 축복을 받지 못하므로 실패한다. 즉 하나님의 계획을 인간의 계획으로 대치시켜 버린 것이다.

② 교인들만이 확보할 수 있는 많은 기회와 접촉을 가지지 못하므로 실패한다.

③ 혼자서 너무도 많은 일을 도맡아 하려고 하기 때문에 힘이 분산되어 실패한다. 한 개인이 하나님께서 말씀하신 교회의 모든 일을 혼자서 할 수 있다는 생각은 교만한 생각이다.

④ 목사−교사로서도 실패한다. 목양하는 일과 가르치는 일 그리고 전도의 일에까지 너무도 광범위하게 힘을 써야 하므로 어느 것 한 가지도 잘할 수 없을 것은 뻔한 사실이다. 설교도 망치고 교인들도 돌보지 못할 것이며 전도의 열매도 극소화될 것이다.

⑤ 그리스도께서는 양들이 자신의 은사를 발견하고 개발하며 발휘할 수 있도록 가르치고 목양하게 하기 위해 교회에 그를 세웠는데 고의든 아니든 간에 그 뜻을 어기고 그리스도께 욕

---

319) Ibid., pp.35 − 36.

을 돌려드렸으므로 실패함─이것은 모든 실패 가운데서 가장 심각한 실패다. 이와 같이 목회자는 자신의 사역(전도의 일을 포함하여 어느 정도는 모든 신자에게 속한)을 위해 각 개인들을 준비시키지 못했다.

현대 교회 중에 그릇된 목회자는 혼자서 모든 것을 다하는데 이 것은 대단히 어리석은 일이다. 성경적인 목회자는 목회훈련을 통하여 모든 신자들을 훈련시켜서 자신의 임무를 감당하도록 하며, 이로 인하여 구원받는 영혼의 수를 나날이 증가시켜야 할 것이다.

그러므로 목회훈련을 시키는 교역자가 된다는 것은 기술, 지식 및 아주 예민한 감수성이 요구된다. 이런 의미에서 교역자는 전문적이어야 하는데 그는 다른 사람들로 하여금, 어떤 경우에 처하더라도 그들의 교역을 완수할 수 있도록 도울 수 있는 그런 종류의 교역을 완수하는 데 특별한 능력을 가진 사람이어야 할 것이다.[320]

(2) 목회훈련 프로그램 제안

지금까지 살펴본 목회훈련의 지침들을 바탕으로 하여 보다 더 의미 있고 현실적으로 실제성이 있는 목회훈련 프로그램을 제안해 보고자 한다.

(a) 청지기 교육 프로그램(87년 동명 성결교회)

 ㉮ 개회예배

 ㉯ 청지기와 사명(임직자의 자세)

 ㉰ 청지기와 헌금(십일조, 감사, 특별헌금을 중심으로)

 ㉱ 청지기와 모임(정기예배와 회의를 중심으로)

---

320) A. J. Lindgren, op. cit., p.196.

ⓜ 청지기와 사명(임직자의 모범)

ⓑ 청지기와 예배(시간, 위원, 찬양대 중심으로)

ⓢ 청지기와 기독교 신학(평신도 운동을 중심으로)

(b) 89년 성결교회 교역자 수련회

　ㅇ 일시: 90. 3. 12 - 14.

　ㅇ 주제: 목회갱신과 교회성장

㉮ 개회예배

㉯ 목회갱신과 예배 예전

㉰ 목회상담과 교회성장

㉱ 목회자의 건강관리

㉲ 목회자의 자기갱신과 교회성장

㉳ 목회 진단 방법론

㉴ 예배의식과 예배음악

㉵ 모범예배

㉶ 영성개발과 목회갱신

㉷ 교회교육과 교회성장

㉸ 제자양육과 교회성장

㉹ 선교지향적 목회와 교회성장

㉺ 교회성장을 위한 설교갱신

㉻ 폐회예배

(c) 필자의 제안

　ⅰ) 커리큘럼

　　제1단계 구원의 확신

　　　1과 새 생명의 의미

ii) 목회훈련 일정표

기 간	단 계	읽 기	개인 공부	암송 구절	실 습	
8주	1단계 구원의 확신	신 약 통 독	요한복음	매주 2구절씩 암송	(초보자) 우정맺음 두 사람	(성숙한 자) 제 1단계를 1–2명에게 가르침
9주	2단계 성 경		요한1,2 3서/마가 복음		경건노트 간증 2회 성경노트	경건노트 전 도 봉 사
8주	3단계 성 교		에베소서 빌립보서 로 마 서		설교실습 반응체크 설교평가	
5주	4단계 성례전	구 약 통 독	고린도전서 모세오경		세 례 성 만 찬	집례실습
10주	5단계 지도자 훈련		구약공부		리 더 십 훈 련	리 더 십 개 발
6주	6단계 소집단		역 사 서 시 가 서		공 동 체 훈 련	신앙생활 변 화
6주	7단계 영 성		예 언 서		영 성 과 훈 련	영성개발 훈 련

iii) 목회훈련 과정과 교회와의 관계

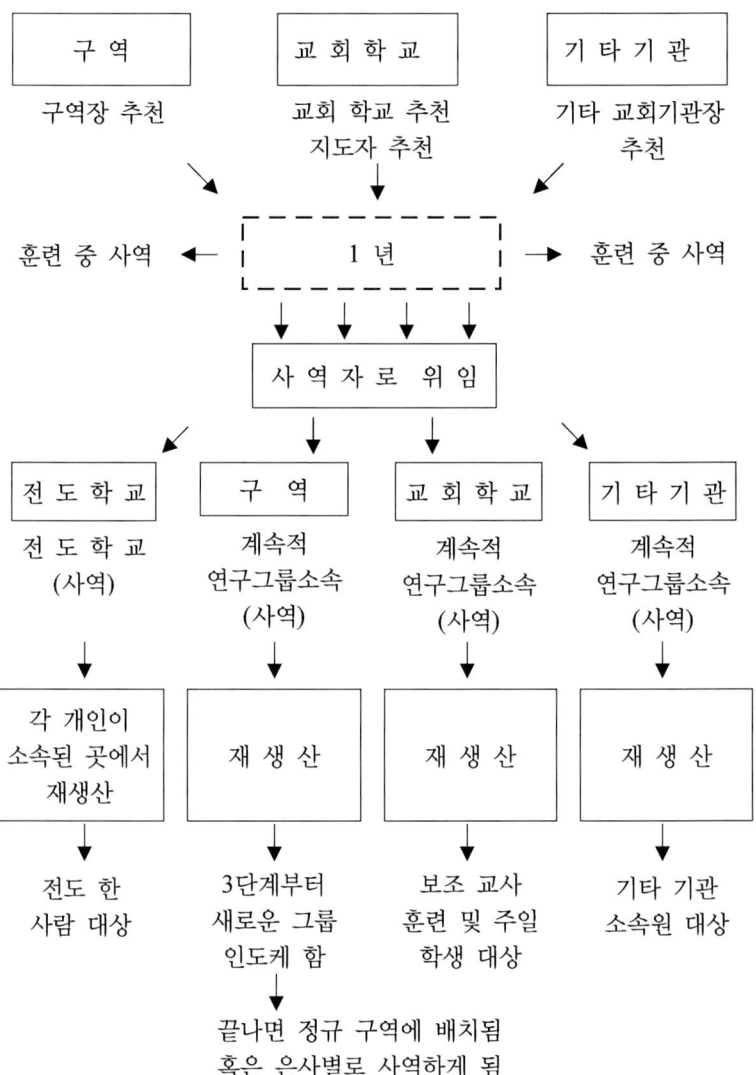

이상으로 필자는 목회훈련 프로그램을 제시해 보았다. 커리큘럼은 목회훈련의 내용이며, 목회훈련은 1년을 주기로 하여 실시되는 코스를 갖는다. 그리고 목회훈련 과정과 교회와의 관계는 유기적인 관계로 형성되어야 하는 것으로 제시해 보았다.

지금까지의 내용을 요약하면, 웨슬리의 목회훈련의 방법은 먼저 개인이 모범을 보이는 방법이었다. 그는 철저하게 헌신의 사람이며 경건한 사람으로 하나님의 뜻에 따라 살기에 최선의 노력을 경주하였다. 자신이 이와 같이 살았듯이 하나님을 믿는 성도들의 삶이 그와 같이 되도록 훈련시켰다. 그는 이것을 신도회 가입조건으로 규칙을 정했고 만약 여기에 불응하면 그 모임에서 추방시켰다. 한 책의 사람인 그는 성경의 신적 영감을 주장하며 말씀이 하나님으로부터 왔다는 사실을 굳게 믿는 사람이었다. 그는 성경탐구의 방법을 구체적으로 제시하여 성경탐구 훈련을 시켰으며 일생을 설교로 살았다. 그는 '발성과 몸짓에 관한 지침'에서 설교훈련을 구체적으로 실현시켰다. 연회는 설교훈련을 시키는 공식기관이 되었고, 설교에 대한 지침을 주었다. 웨슬리는 치밀하고도 조직적인 편성으로 평신도 지도자들인 평신도 보조자, 속장, 집사, 그리고 병자 심방인을 세워서 목회훈련을 수행하였다. 평신도 보조자는 현재의 전도사나 장로와 같은 직분으로 보인다. 웨슬리는 함부로 지도자를 선택하지 않고 시험을 해 보고 신중을 기하여 선택하였고 전문적인 사역자가 되게 하기 위하여 지침, 규칙 등을 제시해 주었다. 또한 그는 자신이 직접 철저한 확인과 감독을 통하여 목회훈련을 시켰다. 웨슬리는 3개월에 한 번씩 평신도 지도자들을 면담하여 도덕과 예수 그리스도를 아는 지식이 자랐는지, 오해와 갈

등이 있는지도 알아보아 평화와 형제애를 방해하는 것을 제거하기 위해 기도와 권고를 하고 특이한 것은 표(Ticket)를 준비해 두었다가 그들의 이름을 적어 '이 표를 갖는 사람은 하나님을 두려워하고 의를 행하는 사람이란 증명표'로 삼게 하여 이 표가 있어야만 신도회 회원으로 인정하였고, 속회와 반회에도 참여케 하였으며, 성찬식에 참여시켰다. 이 표는 3개월에 한 번씩 바꾸어 주었고 불품행자에게는 주지 않아 회원에서 제거하였다.[321] 웨슬리는 신도회마다 속회를 구성하여 그중에서 속장을 선발했고, 속장에게 임무를 부여하여 적절하게 목회 사역에 동참하도록 훈련시켰으며, 집사와 병자를 위하여 병자 심방인을 두어 병자를 돌아보도록 하였다. 웨슬리는 목회현장의 필요에 따라 지도자를 선발하고, 훈련시켰으며, 철저한 확인과 감독을 통하여 목회훈련을 시켰던 것이다.

웨슬리의 목회훈련의 실천적 적용을 위하여 성결교회를 살펴보았다. 성결교회는 역사적 기원이 웨슬리의 신도회가 훗날 교단이 된 것과 유사함을 알 수 있다. 즉 성결교회도 웨슬리의 메소디스트와 같이 교파 형성의 의도가 없이 복음전도관으로 출발하였으나 신도 수가 증가됨으로 불가피하게 교단이 형성되었다. 오늘날 성결교회의 교회조직은 다분히 장로교의 조직과 매우 유사함을 볼 수 있었으니, 대의제도에 입각한 직원의 선출, 치리의회인 당회, 지방회, 총회의 단계적 구성들이 매우 비슷하다. 이 치리의회는 목회훈련에 있어서 막중한 책임이 있음을 명심하고 그 사명을 감당해야 할 것이다.

목회훈련을 위한 방법으로 성결교회의 지도원리, 지도자 훈련,

---

321) 노종해, 「한국 감리교회의 성격과 민족」, p.124.

그리고 목회훈련 프로그램을 제시해 보았다. 목회훈련 프로그램은 교회와 유기적인 관계 속에서, 목회훈련의 내용을 커리큘럼으로 하여, 1년 주기로 하여 지속적으로 되어야 하는 과정으로 제시했다.

V

결 론

A. 요 약

지금까지 "웨슬리의 목회훈련 개발에 관하여" 살펴보았다. 웨슬리는 피력하기를 "만일 사람이 천사처럼 설교한다고 할지라도, 적절한 훈련이 없이는 아무 유익을 주지 못할 것이다."[322)]라고 하였다. 스케빙톤 우드도 감리교를 "정밀한 훈련의 종교"[323)]라고 평하였다.

제 I 장은 서론으로 본서의 문제의 제기 및 연구의 목적, 연구의 방법과 범위를 살펴보았다.

제 II 장에서는 웨슬리의 목회훈련에 대한 이해를 살펴보았다. 목회훈련에 대한 이해에 있어서 웨슬리의 생애, 목회훈련이 필요한 시대적 상황, 목회의 현장인 교회에 대한 웨슬리의 이해, 그리고 목회훈련에 대한 이해를 중심으로 살펴보았다.

웨슬리는 3대에 걸친 선교적인 가문에서 거의 완벽에 가깝도록 신앙 훈련을 받았다. 어머니 수산나 웨슬리는 어린 자녀들이 말을 하게 되면 일어날 때와 잠을 잘 때 주기도문을 외우게 하였고 가정 예배 시에는 항상 정숙하게 하였으며, 식사시간에는 기도를 하도록 훈련을 시켰다. 그에게 있어서 영적인 문제에 대한 추구는 1725년에 진지하게 시작되었으며, 그것은 웨슬리가 어머니의 권고에 따라 성직자가 되기로 결심을 하고 공부를 시작하였기 때문이다. 그가 추구한 방향은 처음부터 명확했다. 즉, 그는 내적인 성결을 이루는 것을 목표로 하였으며 그것을 위해 기도했던 것이다.

---

322) Letters, V, p.204.
323) A. Skevington Wood, op. cit., p.187.

삶의 모든 영역에서 성결을 추구하며 매 주일 성만찬을 갖기 시작했고 이것은 평생 동안 계속되었다. 웨슬리는 1725년 9월 영국 국교회에서 신부 서열로, 1728년 7월에는 사제 서열로 안수를 받아 영국 국교회의 성직자가 되었다. 그 기간 동안 곧 1726년 옥스퍼드에 있는 링컨대학의 강사가 되었고 1727년에는 문학 석사(M.A.) 학위를 받았다. 웨슬리는 옥스퍼드에서 거의 1729년부터 1735년까지 계속 가르치고 연구하였다. 그는 신성클럽을 조직하여 지도자가 되었다.324)

웨슬리가 속해 있던 18세기는 인류 전체가 해방과 광명을 절실히 요구하는 시대로 현저한 과학의 발전 시대였고, 파국적인 정치적 변화의 시대였으며, 문학과 철학의 성취적 시대였고, 그리고 정신의 힘이 가장 심각하게 종교에 적용된 시기이다. 당시 영국의 정치적 상황은 의회정치와 왕정복고의 변혁기를 맞이하여 혼돈, 무질서, 소란의 소용돌이 속에 있었고, 사회 도덕적으로는 부패와 도박이 뿌리 깊이 퍼져 있었고, 그리고 종교적으로는 기존의 종교가 제 역할을 감당하지 못하는 시대였다. 영국 국민사의 저자 '요한 리차드 그린'은 웨슬리의 운동이 영국 사회에 끼친 영향을 다음과 같이 말하였다. "메소디스트 교회(감리교회) 자체는 메소디스트 신앙 부흥 운동이 산출한 지극히 작은 결과이다. 이 운동은 영국 교계 일반 교직자들을 혼수상태에서 깨우쳤다. 그러나 이보다도 훨씬 큰 공적은 이 운동에는 무지와 죄악과 육체적 고통과 방탕과 빈곤 등이 모든 사회악과 싸우는 열정과 계획이 포함되어 있는 점이다."325) 그 당시 영국의 사회는 목회훈련이 절실히 요청되

---

324) H. A. Snyder, op. cit., pp.13 - 14.
325) 송흥국, op. cit., p.11.

는 사회였다.

웨슬리는 사도행전 5장 11절을 주해하길 '신약성서에서 교회라는 용어가 이곳에서 처음 나온다. …… 아나니아와 삽비라의 죽음으로 엄격한 신도 신앙생활의 지침을 받게 되었다.'고 하였다. 웨슬리는 교회를 지침을 받는 공동체로 보았으며, 그 본질에 있어서는 거듭난 성도의 모임으로 교회는 진리를 가르치며 하나님의 말씀을 선포하고 복음을 증거하여 그 안에서 구속받은 성도들이 예배와 봉사를 목적으로 모이는 유일한 곳으로 그리스도 몸의 현현으로 보았다. 웨슬리는 교회의 표적을 산 신앙, 순수한 말씀 선포, 그리고 올바른 성례의 집행으로 보았으며, 이 중에서 무엇보다 가시적 교회의 본질적 요소는 산 신앙이며, 순수한 하나님 말씀의 선포와 성례의 올바른 집행이 신자들 속에 산 응답의 객관적 신성성을 초래하지 못한다면 교회는 참교회가 아니라고 보았다.[326]

그리스도교 목회는 그리스도 자신이 교회를 설립하고 인도하기 위하여 목회의 직무를 제정하고 확립하셨다는 근본적인 확신에 의하여 지탱되어 오고 있는 것이다.[327] 웨슬리에게 있어서 목회란 하나님의 위탁하신 영혼을 돌보는 것으로 하나님께서 죄인들이 구원받도록 그리스도 안에 간직하신 은혜를 교회의 사역을 통하여 얻도록 뭇 영혼을 위탁해 주신 일을 수행하는 사명으로 보았다. 웨슬리는 개개인의 영혼을 돌보는 단순한 개인적 차원에서 그치는 것이 아니라 훈련을 통한 목회 즉 목회훈련을 주도하는 입장에서 교회를 이끌어 나아갔다. 그는 교회가 철저하게 교인들의 신앙을 훈련시켜야 하는 사명이 있는 것으로 보았다. 웨슬리는 목회의 계

---

326) 콜린 윌리암즈, op. cit., pp.52 - 53, 160.
327) Thomas C. Lden, op. cit., p.88.

승을 정의함에 있어서 개혁교회에 분명한 연속적 계승이 있음을 주장했고 그로 인하여 목회의 당위성이 엄연히 존재함을 주장하였다. 웨슬리에게 있어서 교직제도는 상대적이며 실용주의적이다. 왜냐하면 교회의 조직이나 제도가 모두 복음을 가장 능률적으로 넓게 전파하는 데 활용되어야 하기 때문이다.328) 그는 교역자의 서열을 셋으로 구분하였지만 본질적으로는 두 서열로 이해하였다. 즉, 성례전과 안수례를 집행하는 권한을 위임받은 교역자(감독과 장로)와 그 아래 서열의 교역자(집사)이다. 그는 하나님께서 각 사람에게 다른 은사를 주시듯이 교회의 직분도 시대에 따라 다르게 주실 것이라고 생각했다. 나아가 그는 성서에는 어떤 결정적인 교회 정치제도를 주신 적이 없으며 따라서 일정한 형태를 주신 것도 없다고 하였다.

제Ⅲ장에서는 웨슬리의 목회훈련의 조직과 내용을 살펴보았다. 목회훈련의 조직으로 연합신도회, 속회, 반회, 선발신도회, 그리고 참회자반을 살펴보았다. 웨슬리가 연합신도회를 조직함은 어떤 교단이나 교회를 만들 의도가 아니었고, 단순히 영혼을 돌보며 격려하고 함께 기도하기 위한 것이었다. 그는 신도회 안에 속회와 반회, 그리고 특별히 독실한 믿음 아래 순종의 생활을 하는 사람들로 선발신도회, 믿다가 낙심했던 사람들로 참회자반을 조직하였다. 그는 참으로 조직의 명수였다. 이 같은 조직은 가변적인 은혜의 수단으로 활용되었다. 아쉬운 것은 오늘날까지 조직이 그대로 전수되지 못하고 일부는 상실한 점이다. 또한 오늘날 교회의 조직이 다분히 외적인 면에 기준을 두고 있는 데 반하여 웨슬리의 조직은 외적, 내적인 면에 조화가 있었음을 상기해야 할 것이다.

---

328) 조종남, op. cit., p.180.

목회훈련의 내용에 있어서는 성경을 신앙과 실천생활의 유일한 규칙과 충분한 규칙으로 삼고 신도회의 총칙을 제정하여 회원들이 규칙을 실행하도록 훈련시켰다. 그는 일생 동안 한 책의 사람이 되길 소원하며 살았으며 성경을 목회훈련의 기본 텍스트로 받아들였다. 나아가 웨슬리는 설교로 일생을 살았고, 설교를 통하여 목회를 하였다. 그의 목회 중에서 설교가 제일 큰 비중을 차지했다. 그는 교구를 갖지 못했으나, 옥외설교를 통하여 많은 영혼을 건졌으며, 전 세계는 나의 교구라는 유명한 말을 남겼다.

웨슬리는 당시 모라비안 교도들의 정숙주의를 경계하면서 은혜의 수단인 세례, 성만찬을 목회훈련의 내용 중에서 중요한 것으로 보았다. 그에게 있어서 세례는 하나님의 계약 속에 들어가게 하는 입회 성례전으로 이해되었다. 그는 세례에 분명한 유익이 있음을 강조하고, 이것이 영구적이어야 한다고 보았다. 그러나 세례의 방법에 대해서는 개방적이었다.

웨슬리는 성만찬을 특별한 것으로 이해하였고, 그 교리는 실질 존중설이었다. 나아가 그는 성도는 계속해서 성찬을 받아야 하는 것이 의무라 여겼으며, 참여하기 위해서는 믿음의 종류 또는 한 등급을 가진 자도 참여할 수 있다고 주장하므로 개방적인 태도를 견지하면서도 성만찬의 신성을 보존하기 위하여 질서 유지에 최선의 노력을 다하였다.

제IV장에서는 웨슬리의 목회훈련의 방법과 그 실천적 적용을 살펴보았다. 목회훈련의 방법으로는 헌신훈련, 경건훈련, 성경탐구훈련, 설교훈련, 그리고 지도사 훈련을 살펴보았다. 웨슬리는 철저하게 헌신의 사람이었으며, 자신을 따르는 평신도 사역자들도 철저하게 헌신적이길 원했다. 그는 헌신을 신도회 가입 조건으로 제시하였고 여기에 불응하는 사람은 신도회에서 추방시켰다.

웨슬리의 경건훈련은 가정생활에서부터 시작되었으며, 이것은 그의 목회훈련의 방법이 되었다. 그는 평신도 보조자들에게 "아침 5시 전에 일어나서 6시부터 12시까지는 기도와 독서를 하고 정오부터 하오 5시까지는 심방을 하고 5시부터 6시까지는 하나님께 은밀 기도를 하고, 하루에 적어도 두 번 이상 전도하고, 하루 24시간 중 5시간은 반드시 독서와 성경공부"를 하도록 경건훈련을 시켰던 것이다.

한 책의 사람인 웨슬리는 철저하게 성경을 탐구한 사람이었다. 그는 매일 경건하게 성경을 읽으며 묵상하는 것을 통하여 평생 하나님의 말씀을 가까이하였다. 특히 그는 그를 따르는 사람들을 위하여 성경을 탐구하는 구체적인 방법으로 묵상을 제시하였고 구체적이며 실질적인 방법을 제시하며 성경탐구 훈련을 시켰다.

웨슬리는 진정 일생을 설교로 산 사람이었다. 그는 매일 2, 3회씩 설교하였으며, 주당 15회씩 평균해서 42,400회의 설교를 하였다. 그는 『발성과 몸짓에 관한 지침』에서 설교 시 발성과 몸짓에 대하여 지침을 주었고, 연회를 통하여 설교훈련을 시켰다. 제1회 연회에서는 '허황되거나 또는 비방하는 유의 설교를 듣는 태도 문제'와 '설교의 최선의 방법은 무엇인가?'에 대하여 문답이 있었고, 제3회 연회에서는 '가장 큰 은혜를 끼치는 설교는 어떤 것인가?'와 제4회 연회에서는 '설교의 횟수, 설교에 유익한 조언'에 대하여 문답을 하며 연회를 통하여 설교훈련을 시켰다.

나아가 웨슬리는 목회훈련을 실천함에 있어서 지도자의 훈련을 매우 중요하게 보아 평신도 보조자, 속장, 집사, 그리고 병자 심방인을 선정, 임명하였고 이들에게 구체적인 규칙과 임무를 부여하여 훈련을 시켰다. 1747년 제4회 연회에서 목회훈련에 관한 다음과 같은 문답이 있었다.

> 문 10. 우리회의 전도인들이 그들의 직무 수행과 생활에 있어서 모범적이라고 할 수 있는가?
>
> 답 그렇다 할 수 없다. 우리와 함께 일하는 그들을 우리는 대학생처럼 생각해 볼 수 있다. 따라서 우리는 그들의 생활과 연구생활에 대하여 매일 시문해 보아야 할 것이다. 특히 우리가 물어볼 것은,
>
> 매일 4시에 기상하는가?
> ∘ 지난 연회에 설정한 방법에 의하여 공부를 하는가?
> ∘ 우리가 제안한 대로 독서를 하는가?
> ∘ 매일 규칙적으로 공부할 필요를 느끼는가?
> ∘ 불규칙한 생활에 대한 유혹은 무엇인가?
> ∘ 그대는 매일 일정한 시간에 취침하는가?
> ∘ 매일 일지는 꼭 쓰는가?
> ∘ 매 금요일에 금식을 하는가?
>   ∘ 그대는 근엄하게, 유익하게, 그리고 친절하게 대화를 하는가?
>   ∘ 누구와 담화하기 전에 먼저 기도를 하며, 그 담화에 어떤 뚜렷한 결말을 짓는가?[329]

이처럼 웨슬리는 일단 결실된 신자들을 철저한 목회훈련을 통하여 교회의 지도자로 성장시켜 나아갔다.

웨슬리가 18세기 영국에서 행한 목회훈련을 오늘날 21세기에 적용하기에는 많은 어려움이 따른다. 실천적 적용으로는 성결교회

---

329) 「총서」, 제8권, pp.296 - 297.

를 중심으로 살펴보았다. 성결교회가 창립되는 경위도 웨슬리의 메소디스트가 조직될 때와 유사하다. 웨슬리가 '신도회 단체'로 출발하였듯이 성결교회도 애당초 교회 설립을 의도하지 않고 순수 전도 단체인 '복음전도관'으로 시작하였다.330) 이렇게 형성된 성결교회는 복음주의이며, 신학과 성서해석에서는 웨슬리 정신을 견지하면서도 교회조직으로는 장로교의 교회조직을 받아들여 오늘에 이르고 있다. 목회훈련을 위한 조직 중 치리의회인 당회, 지방회, 그리고 총회의 조직과 회무에 대하여 살펴보았다. 성결교회에서 총회는 웨슬리의 연회와 유사함을 알 수 있었다. 목회훈련의 방법을 위하여 성결교회의 지도 원리는 대단히 바람직하다고 보인다. 이에 대한 구체적 적용을 위한 세부 시행규칙이 제정되어야 할 것으로 보인다. 교회의 지도자는 목사, 장로, 권사, 그리고 집사를 살펴보았다. 목사는 그 자격에 있어서 대학원 수준을 요구함을 보았고, 장로는 웨슬리의 평신도 보조자와 유사하나 직무에 있어서 상이점이 발견되었고, 권사는 성경에서 근거를 찾아보기 어려운 직제임을 알 수 있었다. 그리고 집사는 웨슬리의 집사와 유사함을 볼 수 있었다. 또한 목회훈련 방법을 근거로 하여 필자 나름대로 목회훈련 프로그램을 제시해 보았다.

웨슬리가 18세기에 행한 사역을 오늘날 21세기에 성결교회에 적용하기에는 많은 문제점이 뒤따르지만 오늘날 우리에게 새로운 빛을 던져 주고 있는 것은 주지의 사실이다.

---

330) 조종남, op. cit., p.245.

B. 제 언

오늘의 한국교회는 이미 선교 100주년을 넘어 기독교 2세기를 향하여 줄달음질하고 있다. 한국교회 속의 성결교회는 장로교, 감리교, 성결교 3대 교파의 하나로 2008년 12월 31일 현재 6,232개 교회, 763,971명 신자, 3,939명의 목사와 2,230명의 전도사의 대교단으로 급성장하였다.[331]

오늘날 같이 "물량주의, 불건전한 신비주의, 교회분열"[332] 이런 극심한 시대에는 목회에 대한 사명이 더욱 강조된다. 이런 가운데 성결교회의 역할은 한국교계에 크게 기대되고 있다. 이러한 시점에서 본인은 본서를 준비하였다. 본서를 마치면서 본 교단의 목회훈련의 발전을 위하여 몇 가지 제언을 하고자 한다.

1. 목회훈련에 대한 새로운 관심과 인식이 필요하다.

만민을 구원하시려는 하나님의 뜻에 순종하려면 하나님의 뜻에 맞는 목회가 이루어져야 할 것이다. 하나님의 뜻에 맞는 목회의 구현은 저절로 되는 것이 아니고, 그것은 철저하게 목회훈련을 통하여 되는 것이다. 여기에 목회훈련의 필요성이 있는 것이다.

2. 목회훈련은 기독교 공동체에 대하여 헌신하기로 서약한 데 근거하여 훈련되어야 한다. 그리스도에게 헌신한다는 것이 기독교

---

331) 「제102년차 총회 회의록」, p.732.
332) Urban T. Holmes Ⅲ, 「목회와 영성」 김외석 역 (서울: 대한 기독교서회, 1988), pp.227 – 232.

공동체의 공동 체험을 위해 특별한 헌신이나 훈련에 결부되어 있지 않으면 아무리 진실하다 하여도 시간낭비에 불과하다. 예수 그리스도를 주와 구세주로 고백하는 사람은 반드시 그리스도의 몸인 교회에 헌신하겠다는 서약에 매어 있어야 할 것이다. 이와 같이 목회훈련은 기독교 공동체에 대하여 헌신하기로 성약한 데 근거하여 훈련되어야 한다.

3. 목회훈련의 목적이 단순히 기술개발에 관한 제고가 되어서는 안 된다. 목회훈련의 목적은 철저하게 하나님 영광이 드러나도록 되어야 할 것이니, 그 내용과 방법 그리고 실천이 종합적으로 이루어져야 할 것이다.

4. 목회훈련을 위한 교회 구조 형성이 새로워져야 한다. 이러한 구조는 속회, 반회 등 특별한 형태를 취하지는 않으나, 어떻게 구조화되든지 간에 목회훈련이라는 기본 목표가 성취되어야 할 것이다.

5. 목회훈련을 위하여 교회 지도자의 사명이 재인식되어야 할 것이다. 교회 지도자의 갱신이 없이는 진정 목회훈련의 변화는 기대할 수 없다. 목회자 혼자서 전 교인을 다 훈련시킬 수는 없다. 그렇다고 그냥 모른 체 방치할 수는 더욱 없다. 목회훈련 과정에서 목회자를 대신하여 목회훈련을 이끌고 나갈 사람이 필요한데 그가 바로 교회의 지도자이다. 웨슬리는 교회의 지도자로 평신도들을 대거 활용하였으니, 평신도 보조자. 속장. 집사. 그리고 병자 심방인이다. 그는 반회와 선발신도회 회원 가운데 권면과 설교의 은사가 있는 열정적인 사람이면 남·여를 구별치 않고 지도자로

임명하여 그들을 훈련하고 파송함으로써 자신의 목회훈련 공백을
대신하도록 하였다.

6. 목회훈련을 위하여 새로운 형태의 교역과 지도자를 일으키고
훈련시켜야 할 것이다. 목회훈련을 실천하기 위해서는 기존의 통
상적 통로(전형적 교육, 안수 등)만을 통해서가 아니라 실제적인
체험과 그룹에서 서로 나눈 삶을 통하여 일어나는 새로운 형태의
교역과 새 지도자를 위한 기회를 제공하여야 할 것이다. 이러한
예는 웨슬리의 메소디스트에서 발견된다.

7. 목회훈련을 위한 프로그램 개발이 시급하다. 한국은 목회학
석·박사 과정이 있으나 실제적으로 훈련이 되는 프로그램 개발이
빈약한 실정이다. 그 이유는 교육을 담당하는 교육자의 대부분이
목회에 대하여 미경험 상태이기 때문이다. 그러니 다분히 이론 위
주 교육에 치우칠 수밖에 없는 것이다.

현재 본 교단 제45회 총회에서는 선교 교육원 설치를 결의하였
으니, 선교 교육원은 교역자 재교육과 평신도 지도자 훈련에 관한
사항을 관장하도록 되어 있다. 시작의 단계이므로 실제적인 프로
그램개발이 절실히 요청되고 있는 실정이다.

8. 목회훈련을 이끄는 중심이 한 개인이나 단체가 되기보다는
공인되어 있는 교단 총회본부가 되어야 할 것이다. 목회훈련은 책
임 있고, 공인된 기관에서 일관성 있게 추진되어야 할 것이다. 어
느 한 개인 또는 마음이 맞는 동호인 중심이 되어서는 안 될 것이다.

9. 오늘날 개신교의 예배는 성례전의 빈약을 그 특징으로 들 수 있겠으나, 올바른 목회훈련을 통하여 시정될 수 있겠다. 많은 개혁 신앙의 신조에는 언제나 말씀의 선포 다음에는 성례전의 올바른 집례가 행하여지는 곳이 교회라고 표현을 하고 있다. 루터나 칼빈 등의 개혁자들이 매주 말씀의 예배와 성례전이 병존할 것을 가르친 바 있고, 웨슬리도 성례전을 중요하게 강조하였다. 그러나 쯔빙글리는 말씀 중심의 예배와 성례전 중심의 예배를 분리시키고 성례전 예배는 연중 4회로, 그리고 성만찬의 의미는 단순한 기념설로만 확정하였다.333) 성결교회는 성만찬을 헌법에서 "매년 2회 이상"334)밖에 시행하지 않도록 하여 쯔빙글리가 주장한 단순한 기념 행위에 불과하도록 하였다. 이러한 현상은 말씀과 '나' 자신만을 연결시켜 나가는 개인주의적 신앙을 초래하였다. 그리스도와의 연합을 확인하면서 살아가는 생동적 신앙의 결여를 가져왔다. 이에 대한 해결책으로 성결교회는 예식서에서 "성찬예식은 가능한 매달, 또는 분기별로 진행함이 좋다."335)고 하였으니, 올바른 목회훈련을 통하여 보는 말씀이 듣는 말씀과 균형을 이루어 나갈 수 있다고 본다.

10. 목회훈련적 측면에서 목회자 연장 교육의 정착화가 교단적으로 이루어져야 하고, 서울신학대학에는 이에 부응하는 '평생 목회훈련 프로그램'이 상존해야 할 것이다. 우리나라의 많은 목회자들은 일단 신학교를 졸업하고 목사가 되어 목회에 전념하다 보면

---

333) 정장복, "한국교회 예배. 예전 형태 백년", 「기독교 사상」 (서울: 기독교사상사, 1984. 12), p.72.
334) 「헌법」, p.30.
335) 「예식서」, p.36.

교육은 신학교를 졸업하는 것으로 끝나 버리는 것으로 알고 실제
목회 사역에서 얻어지는 귀중한 경험과 그들이 지닌 기본적 학문
의 바탕과 지식마저도 사장시켜 버리는 안타까운 일들을 많이 본
다. 목회자 연장교육을 통하여 목회자들이 함께 모여 공동 관심사
에 대하여 연구하고 서로의 지식과 경험을 교환한다면 더 크게 하
나님의 영광을 드러내는 목회를 할 수 있을 것이다.

참고문헌

1. 1차적 자료(Primary Source)

Wesley, John. The Letters of the Rev. John Wesley. ed. John Telford. 8Vols. London: Epworth Presss, 1931.

Wesley, John. Wesley's Standard Sermons. ed. Edward. H. Sugden. 2Vols. London: Epworth Press, 1951.

Wesley, John. The Works of John Wesley. ed. Thomas Jackson, 14Vols. London: Wesleyan Conference Office, 1872. Ohio: Schmul Pub, 1977 – 1979.

웨슬리사업회(편). 「존 웨슬레 총서」. 제1권 – 10권. 서울: 유니온 출판사, 1983.

2. 2차적 자료(Secondary Source)

가. 영문서적

Cannon, William. The Theology of John Wesley. New York: Abingdon Press, 1946.

Carter, Charles W. A Contemporary Wesleyan Theology. 2Vols. Michigan: Francis Asbury Press, 1983.

Carter, Henry. The Methodist Heritage. New York: Abingdon Press, 1951.

Cell, George C. The Rediscovery of John Wesley. New York: Henry Holt and Co, 1935.

John, Bowmer C. The Sacrament of the Lord's Supper in Early Methodism. London: Epworth Press, 1951.

Lindsay, Thomas Martin. A History of the Reformation. New York: Charles Scribner's Sons, 1907.

Schmidt, Martin. John Wesley: A Theological Biography. Vol. Ⅱ, New York: Abingdon Press, 1972.

Simon, John S. John Wesley and Methodist Societies. London: Epworth Press, 1923.

Snyder, Howard A. The Radical Wesley: Patterns for Chuch Renewal. Downers Grove: Inter－Varsity Press, 1980.

Tuttle, Robert G. John Wesley, His life and Theology. Michigan: Grand Rapids, 1982.

Vulliamy. C. E. John Wesley. New York: Scribner, 1932.

Watson, David Lowes. The Early Methodist Class Meeting. Nashville: Discipleship Resource, 1985.

Wesley, John. Explanatory Notes upon the Old Testament. 4Vols. Ohio: Schmul Pub, 1975.

Wood, A. Skevington. The Burning Heart: John Wesley Evangelist. Minnesota: Bethany Fellowship, 1978.

나. 번역서적

Adams, Jay E. 「성공적인 목회지도」 정삼지 역, 서울: 기독교 문서 선교회, 1988.

Burter, Robert C, Chiles, Robert E. 「웨슬레 신학개요」 김운기 역. 서울: 전망사, 1988.

Cannon, William.「웨슬레 신학」전종옥 역. 서울: 기독교 대한 감리
    회 총리원교육국, 1967.

Colin, Williams.「존웨슬레의 신학」이계준 역. 서울: 전망사, 1983.

E. S. 모이어.「인물중심의 교회사」곽안전, 심재원 역. 서울: 대한 기
    독교서회, 1986.

Holmes III, Urban T.「목회와 영성」김외식 역. 서울: 대한 기독교
    서회, 1988.

Lindgren, Alvin J.「교회 개발론」박근원 역, 서울: 대한 기독교 출
    판사, 1982.

Oates, Wayne E.「기독교 목회학」김득룡 역. 서울: 생명의 말씀사, 1977.

Oden, Thomas C.「목회신학」이기춘 역. 서울: 한국 신학 연구소, 1987.

Walker, Williston.「세계기독교 교회사」민경배 외 3인 공역. 서울:
    대한 기독교서회, 1975.

Wesley, John.「존웨슬레의 일기」퍼시 L, 파커 편, 김영운 역. 서울:
    크리스천 다이제스트, 1985.

다. 한글서적

기독교 대사전편찬 위원회.「기독교대백과 사전」제3권 서울: 기독교
    문사, 1988.

기독교 대한 성결교회.「예식서」서울: 기독교 대한 성결교회 교육국,
    1989.

기독교 대한 성결교회.「학습. 세례 문답집」서울: 기독교대한 성결교
    회 교육국, 1985.

기독교 대한 성결교회.「헌법」서울: 기독교 대한 성결교회 총회본부,
    1988. 2007.

기독교 대한 성결교회 역사편찬위원회.「성결교회사」제1집 서울: 기
    독교 대한 성결교회 70주년 기념사업 역사편찬 위원회, 1981.

김병원. 「목회학」 서울: 개혁주의 신행협회, 1985.

노종해. 「한국감리교회의 성격과 민족」 서울: 성광 문화사, 1983.

민경배. 「한국기독교회사」 서울: 대한 기독교서회, 1973.

백낙준. 「한국 개신교사」 서울: 연세대 출판부, 1973.

백동섭. 「새목회학」 서울: 성광문화사, 1983.

손병호. 「교회정치학원론」 서울: 양서각, 1984.

송흥국. 「요한 웨슬레」 현대신서 39번 서울: 대한 기독교서회, 1981.

송흥국. 「웨슬레 신학」 서울: 대한 기독교서회, 1980.

안수훈. 「한국성결교회 성장사」 로스앤젤레스: 기독교 미주성결교회, 1981.

이상찬. 「교회직분론」 서울: 한국 보수신학회, 1984.

이천영. 「성결교회사」 서울: 기독교 대한성결 교회총회본부, 1970.

조종남. 「요한웨슬레의 신학」 서울: 대한 기독교출판사, 1984.

마. 정기간행물

Wynkoop. "A Hermeneutical Approach to John Wesley" in Wesleyan Theological Journal, Spring, 1971.

기독교 대한성결교회. 「제45회 총회 회의록」 서울: 기독교 대한 성결 교회 총회본부, 1990.

_____. 「제102년차 총희희으를」 서울: 기독교 대한 성 격교회 총회본부, 2008.

노종해. "감리교회의 교회관", 「산돌」 제7집 서울: 감리교협성신학교, 1984.

서울신학대학. 「89 - 90요람」 부천: 서울 신학대학, 1989.

이기춘. "속회의 시간에서 본 웨슬레의 교회구조론", 「기독교 세계」 제682호(1984. 10).

이동섭. "한경직 목사의 목회론", 「월간목회」 1978. 4. 서울: 월간목

　　　회사.

이명직. "개인전도에 관하야"「활천」1927. 7.

이천영. "웨슬레 복음운동의 사적고찰"「신학과 선교」제1집, 부천:
　　　서울 신학대학, 1972.

정장복. "한국교회 예배. 예전 형태백년",「월간목회」1978. 4. 서울:
　　　월간 목회사.

허경삼. "설교자로서 웨슬레",「웨슬레 신학연구」제1집 부천: 서울
　　　신학대학, 1977.

•약 력•

21년 넘게 목사로 지내면서 교회 선교 사역에 관심을 가져왔으며, 특히 존 웨슬리에 대한 집중적인 연구를 통하여 현재 교회의 여러 문제점에 대한 해답을 찾아보고자 하였다. 이를 위하여 서울신학대학 학부와 대학원(Th.M., Ph.D.)에서 공부하였다.

저자 **노홍호**

•주요논저•

「존 웨슬리의 선교사상」
「기독교의 효 실천이 노인선교에 미치는 영향」
 (최우수논문상 수상-성산효도대학원대학교)

•약 력•

- 기독교대한성결교회 성진교회 노홍호 목사 부인
- 경기대학교 대학원 사회복지학과(가족치료 전공)박사(Ph. D)
 (논문제목: 부부갈등 예방과 치유를 위한 부부관계향상 프로그램 개발 및 효과성 연구 -가족치료와 기독교영성을 중심으로-)
- 현재 상도종합복지관 관장
- 1급 사회복지사
- 시인 (계간 크리스천문학 시 부분 신인상 등단)

사모 **문순희**
(현 상도종합사회복
지관 관장, Ph.D 가
족치료전공)

- 문순희부부대화훈련연구소 소장
- 2군 사령부내 군 상담위원 및 교수요원
- 인천교도소 교정행정자문위원회 위원
- 한국가족사회복지학회 교육훈련분과 위원
- 대학 외래교수(백석대 대학원, 서울신대, 강남대, 상지대, 오산대, 주성대, 루터대, 장안대, 서울장신대, 한양대대학원 등)
- 부부상담 및 전문 가족치료사
- 여성부 주최 성폭력, 가정폭력 전문 상담사 및 상담사 교육담당
- 제천시 사회복지협의체 실무의원(여성분과)
- MBTI(성격유형검사) 전문강사
- 가정사역 세미나 강사(세미나 주제: 본 카페 세미나자료 게시판 참고)
- Hi family(송길원 사랑의 가정사역연구소) 가족치료 교수 및 세미나 강사

홈피 http://www.happysangdo.or.kr/
카페 http://cafe.daum.net/nhh1208
블로그 http://blog.daum.net/nhh1208/7062646

존 웨슬리의 목회훈련

초판인쇄 | 2009년 4월 30일
초판발행 | 2009년 4월 30일

지은이 | 노흥호
펴낸이 | 채종준
펴낸곳 | 한국학술정보㈜
주 소 | 경기도 파주시 교하읍 문발리 513-5 파주출판문화정보산업단지
전 화 | 031) 908-3181(대표)
팩 스 | 031) 908-3189
홈페이지 | http://www.kstudy.com
E-mail | 출판사업부 publish@kstudy.com

등 록 | 제일산-115호(2000. 6. 19)
가 격   21,000원
ISBN   Paper Book)
      978-89-534-1345-0 98230 (e-Book)